Wolfgang Gehrcke / Christiane Reymann

Deutschland und Russland – wie weiter?

Wolfgang Gehrcke (MdB), Jahrgang 1943, war von 1998 bis 2002 und ist seit 2005 als Bundestagsabgeordneter der Partei DIE LINKE tätig und verantwortet als stellvertretender Fraktionsvorsitzender die Außenpolitik.

Christiane Reymann, Jahrgang 1949, ist Journalistin, Politologin und Soziologin. Sie ist aktiv in der Friedensbewegung und der feministischen Frauenbewegung in Deutschland und Europa. Beide Autoren sind Gründungsmitglieder der Europäischen Linkspartei. Aus ihrer Feder stammen eine Reihe von Büchern und Broschüren. Zuletzt erschien von Gehrcke und Reymann: *Syrien. Wie man einen säkularen Staat zerstört und eine Gesellschaft islamisiert* (PapyRossa, 2014).

Wolfgang Gehrcke
Christiane Reymann

Deutschland und Russland – wie weiter?

Der Weg aus der
deutsch-russischen Krise

edition berolina

eb edition berolina

ISBN 978-3-95841-057-2

1. Auflage
Alexanderstraße 1
10178 Berlin
Tel. 01805/30 99 99
FAX 01805/35 35 42
(0,14 €/Min., Mobil max. 0,42 €/Min.)

www.buchredaktion.de

Inhalt

Alles Walzer

Rückkehr zum Kalten Krieg oder gute Nachbarschaft –
auf diese Alternative lassen sich alle Kontroversen zum
Verhältnis zwischen Russland und Deutschland bringen.
Immer seltener wird ernsthaft über die Geschichte der
beiden Länder gesprochen; diese Kenntnis wird aber
gebraucht, ohne Geschichte keine Zukunft. Gar nicht
mehr wird das Regelwerk deutsch-russischer Verträge
beachtet und herangezogen, um aktuelle Konflikte
zu entschärfen. Dabei könnte sich etwa der »Vertrag
über gute Nachbarschaft, Partnerschaft und Zusammenarbeit« als nützlich erweisen, von Helmut Kohl und
Michail Gorbatschow feierlich am 9. November 1990
in Bonn unterzeichnet. Darin versichern beide Staaten,
durch Verständigung und Versöhnung einen gewich-
tigen Beitrag zur Überwindung der Trennung Europas
zu leisten und »eine dauerhafte und gerechte europäische Friedensordnung einschließlich stabiler Strukturen
der Sicherheit zu schaffen«. Sie verpflichten sich zum
»Nichtangriff«, sie würden »niemals und unter keinen
Umständen als erste Streitkräfte gegeneinander oder
gegen dritte Staaten einsetzen«.
Dieser Vertrag ist immer noch in Kraft. Die Wirklichkeit
hat sich weit von ihm entfernt. Statt Verständigung und
Versöhnung erleben wir einen Krieg der Worte, mit

Sanktionen wird die Wirtschaft als Waffe eingesetzt, und die Bundeswehr steht an der Westgrenze Russlands.

Europa ist tief gespalten. Die moralische Verantwortung Deutschlands angesichts der 27 Millionen im faschistischen Krieg ermordeten Bürgerinnen und Bürger aus den Ländern der Sowjetunion hat die Bundesregierung offensichtlich abgelegt und weggepackt; als ob sie nach Abzug der russischen Truppen nicht mehr gebraucht würde. Versöhnung wird ersetzt durch Überheblichkeit, Nichtachtung und ständige Versuche, Russland zu demütigen.

Doch warum, so fragen sich viele, sollen Russland und Deutschland nicht gute Nachbarn sein können, warum wieder in Feindschaft verfallen?

Die Bundeskanzlerin versteht Russisch, der russische Präsident versteht Deutsch. An den Sprachfähigkeiten kann es nicht liegen, wenn man sich nicht versteht. Vielleicht liegt es daran, dass im Westen zu lange daran geglaubt wurde, man könne Russland aus einer europäischen Sicherheitsordnung ausschließen. Doch man kann Russland nicht einfach vor die Tür eines europäischen Hauses setzen, es hat darin Wohnrecht, und zwar auf Dauer.

Es war Bundespräsident Richard von Weizsäcker (CDU), der am 9. Mai 1985 die westdeutsche Nachkriegsgeschichte vom Kopf auf die Füße stellte, als er statt von »Niederlage« im Zweiten Weltkrieg endlich von »Befreiung« sprach. Dafür haben die Menschen in der Sowjetunion und die Soldatinnen und Soldaten der Roten Armee allergrößte Opfer gebracht. Wie muss es in Moskau gewirkt haben, wenn am 9. Mai 2015, dem 70. Jahrestag des Sieges über den Hitlerfaschismus, die Bundeskanzlerin nicht nach Moskau reiste und die für ihren schlechten Geschmack bekannte Kriegsministerin von der Leyen unter dem Motto »Alles Walzer« zu einem Ball des Heeres in Berlin einlud!

Ganz im Sinn des deutsch-russischen Freundschaftsvertrags haben wir dieses Buch als einen Beitrag zur Verständigung, Versöhnung und zu guter Nachbarschaft geschrieben.

Kapitel 1

Eine andere Russland-Politik ist nötig – aber ist sie auch möglich?

Das Verhältnis Deutschland-Russland ist auf einem Tiefpunkt angelangt. Eiszeit und Froststarre statt Tauwetter und Blütenknospen. Die Verantwortung für diese Entwicklung liegt bei der Bundesregierung. Sie hat sich auf eine aggressive antirussische Linie festgelegt. Der Westen setzt auf Wirtschaftskrieg, Aufrüstung und NATO-Erweiterung bis an die russische Grenze. Dahinter wird das verstanden als zeitgenössische Variante des Dranges nach Osten. Noch einmal sind die EU-Sanktionen gegen Russland bis – vorerst – Juli 2017 verlängert worden. Mit der Türkei und der Ukraine verhandelt die Bundesregierung über Visafreiheit, die entsprechenden Verhandlungen mit Russland hat sie abgebrochen.
Im Januar 2017 hat die US-Army, von Colorado über den großen Teich kommend, eine komplette Panzerbrigade mit 4.000 Soldatinnen und Soldaten und mehr als 2.000 Panzern, Haubitzen, Jeeps und Lkw nach Bremerhaven verschifft. Von da bewegte sie sich mit Zügen und in Fahrzeugkolonnen weiter in Richtung Osteuropa für Manöver nah an der russischen Grenze. Alle neun Monate wird die eine gegen eine andere Brigade ausgetauscht. So handhab das auch die Bundes-

wehr mit ihren Truppen, damit es nicht so aussieht, als stationiere die NATO dauerhaft große Kontingente an der russischen Grenze, was der NATO-Russland-Akte widersprechen würde: Eine Trickserei, die zusätzlich Misstrauen sät.

Zeitgleich waren die politischen Eliten in Westeuropa, und besonders in Deutschland, tief verunsichert wegen des Wahlsiegs von Donald Trump. Sie hatten auf Hillary Clinton gesetzt und folglich bemerkbare Schwierigkeiten, sich umzuorientieren. Sehr laute Stimmen warnten vor einer Annäherung der USA und Russlands. In der jüngeren Vergangenheit gehörten Mahnungen an beide Seiten, die russische und die US-amerikanische, doch miteinander zu reden und zu verhandeln, zum guten Stil eines jeden politischen Programms, das nicht als verbohrt gestrig daherkommen wollte. Gespräche und Verhandlungen fanden ja auch statt, so zwischen Chruschtschow und Kennedy zum Abzug der russischen Raketen aus Kuba, zur Beendigung des Vietnamkriegs zwischen den USA und Vietnam, unter Assistenz der Sowjetunion und Chinas; ab 1991 die Verhandlungen zu Rüstungsbegrenzung und Abrüstung zwischen den Präsidenten Clinton, George W. Bush, Obama und Jelzin, Tschernomyrdin, Putin und Medwedew.

In den ersten Wochen seiner Amtszeit standen im Zentrum der Kritik an Präsident Trump durch die westlichen Eliten nicht etwa seine rassistischen und sexistischen Ausfälle, nicht sein Wahnsinn, eine Mauer an der Grenze zu Mexiko zu bauen, er stand nicht vordergründig deshalb unter Beschuss, weil er die Ansätze einer Bankenregulierung zurückgenommen oder erlaubt hat, Kultstätten der Sioux zu gefährden, sondern wegen seiner Äußerungen zu Russland. Seine Andeutung, dass die US-Politik gegenüber Russland verbesserungswürdig und es kein Skandal sei, die Sanktionen abzumildern oder zurückzunehmen, forderten das erste personelle Opfer seiner Regierung: Deren Nationaler Sicherheitsberater Michael Flynn, er galt als russlandfreundlich, musste wegen Kontakten zum russischen Botschafter in Sachen US-Sanktionen zurücktreten. Voll Skepsis warnte die politische Klasse, anders als früher, nicht vor Sprachlosigkeit zwischen Moskau und Washington, als eigentliche Gefahr erschienen vielmehr Gespräche von Donald Trump und Wladimir Putin. Die Furcht war, sie könnten zulasten der NATO gehen. Von allen Seiten war US-Vizepräsident Mike Pence genötigt worden, vor der Münchner Sicherheitskonferenz (17. bis 19. Februar 2017) eine Treueerklärung zur NATO abzugeben. Dem dringlichen Begehren ist er nachgekommen. »Heute versichere ich Ihnen im Namen von Präsident Trump: Die Vereinigten Staaten von Amerika stehen fest zur NATO und wir werden unerschütterlich unsere Verpflichtungen für unsere transatlantische Allianz erfüllen.«[1] Die Kommentatoren sind sich einig: Diese Erklärung »entsprach den Erwartungen der europäischen NATO-Mitglieder«[2]. Wo es bei Trump heißt, America First, heißt es bei Bundeskanzlerin Merkel, NATO-Generalsekretär Stoltenberg, Kriegsministerin von der Leyen und ihrer Gefolgschaft: NATO First! Auf Deutschland bezogen, könnte das heißen: Deutschland über alles.

Dabei hatte alles so hoffnungsfroh angefangen. Mit und nach der deutschen Vereinigung sollte ein neues Kapitel in der Geschichte Europas aufgeschlagen werden. Am 21. November 1990 unterzeichneten die Staats- und Regierungschefs aller europäischen Länder, mit Ausnahme Albaniens, plus Kanada und den USA in der französischen Hauptstadt die *Charta für ein neues Europa*. Darin erklärten sie das Zeitalter der Konfrontation und Teilung des Kontinents für beendet und das Zeitalter der Demokratie, des Friedens und der Einheit für eröffnet. Die *Charta von Paris* ist ein umfangreiches Versprechen auf ein ungeteiltes Europa der Demokratie, Menschenrechte, Abrüstung, friedlichen Konfliktlösung, freundschaftlichen Beziehungen, Sicherheit, Einheit, Kultur, wirtschaftlichen Zusammenarbeit, Sorge für die Umwelt. Weil die Liste der Signatarstaaten so eindrucksvoll ist, sei sie hier wiedergegeben: Belgien, Bulgarien, Dänemark, Deutschland, Finnland, Frankreich, Griechenland, Heiliger Stuhl, Irland, Island, Italien – Europäische Gemeinschaft, Jugoslawien, Kanada, Liechtenstein, Luxemburg, Malta, Monaco, Niederlande, Norwegen, Österreich, Polen, Portugal, Rumänien, San Marino, Schweden, Schweiz, Spanien, Tschechische und Slowakische Föderative Republik, Türkei, Ungarn, Union der Sozialistischen Sowjetrepubliken, Vereinigtes Königreich, Vereinigte Staaten von Amerika, Zypern.[3]

Zehn Jahre später schienen die zwischenstaatlichen Beziehungen in Europa immer noch entspannt. Die Rede, die Wladimir Putin 2001 im Bundestag »in der Sprache von Goethe, Schiller und Kant« hielt, löste Begeisterung bis Euphorie aus. Russland gehörte für ihn zur europäischen Integration, »so unterstützen wir nicht einfach nur diese Prozesse, sondern sehen sie mit Hoffnung«[4]. Er sah auch Probleme: »Wir leben weiterhin im alten Wertesystem. Wir sprechen von einer Partnerschaft. In Wirklichkeit haben wir aber immer noch nicht gelernt, einander zu vertrauen.« Nur eine »moderne, dauerhafte und standfeste internationale Sicherheitsarchitektur« könne auf diesem Kontinent ein »Vertrauensklima« schaffen.[5] In dieser Rede ist die Außenpolitik Russlands des kommenden Jahrzehnts skizziert: Sie ist nach Westen orientiert, und ihr Fundament soll eine Sicherheitsstruktur sein. Eine Struktur ist mehr als das eine oder andere Abkommen und das eine oder andere vertrauensvolle Gespräch. Sie ist ein verlässliches Gerüst von völkerrechtlich verbindlichen Verträgen, und sie stärkt Zusammenarbeit in politischen, wirtschaftlichen, sozialen, ökologischen, kulturellen Bereichen; getragen von Regierungen und Parlamenten von lokal bis national, zahlreichen Verbänden, gesellschaftlichen Gruppen, außerparlamentarischen Initiativen und vielfältigen Einrichtungen von Kunst und Kultur, Bildung und Wissenschaft.

In der europäischen Entspannungspolitik hatte sich von Ende der sechziger Jahre an in einem schwierigen diplomatischen Prozess zwischen Ost und West die *Konferenz für Sicherheit und Zusammenarbeit in Europa* (KSZE) herausgebildet. An ihr haben die sieben Staaten des östlichen Militärbündnisses *Warschauer Vertrag*, die fünfzehn NATO-Staaten, das heißt einschließlich USA und Kanada, und fünfzehn neutrale europäische Staaten teilgenommen. Die 1973 unterzeichnete *Schlussakte von Helsinki* war der Beginn einer sich stetig vertiefenden Zusammenarbeit zwischen den Blöcken in allen Bereichen, von Sicherheit, Wirtschaft, Kultur bis Menschenrechten. Und die Zahl der Teilnehmerstaaten vergrößerte sich auf 34. Als es die Blöcke nicht mehr gab, hat sich die KSZE in eine neue Organisation umgewandelt, in die OSZE, die *Organisation für Sicherheit und Zusammenarbeit in Europa*; in der Praxis führt sie eher ein Schattendasein als Beobachterin von Wahlen und von Konflikten. Das muss aber nicht so sein und vor allem nicht so bleiben.

Als Dmitri Medwedew, gerade zum neuen Präsidenten gewählt, 2008 nach Berlin kam, hatte sich die Sicherheitslage in Europa bereits spürbar verändert. Polen, Tschechien, Ungarn, Bulgarien, Estland, Lettland, Litauen, Rumänien, Slowenien und die Slowakei waren in die NATO aufgenommen worden, Kroatien, Albanien, die Ukraine und Georgien standen Füße scharrend vor der Tür, die US-Pläne für ein System der Raketenabwehr in Polen und Tschechien nahmen Gestalt an, während gleichzeitig Grabesstille herrschte zu Verträgen oder Verhandlungen über Rüstungskontrolle und Abrüstung. Vor diesem Hintergrund wurde Berlin einmal mehr der Ort für eine Grundsatzrede eines russischen Präsidenten. Dmitri Medwedew schlug vor, einen neuen Vertrag über die europäische Sicherheit ins Auge zu fassen. »Es könnte sich um einen regionalen Pakt handeln, der sich auf Prinzipien der UNO-Charta gründen würde ... Pro-

bleme der unteilbaren Sicherheit und der Rüstungskontrolle in Europa, über die alle so besorgt sind, würden in
diesem Fall komplett gelöst.« Vielleicht weise, zumindest eigenwillig sein Vorschlag, die Arbeit an diesem
Pakt mit einer Verschnaufpause zu beginnen »und sich
umzusehen, wo wir gelandet sind, sei es das Kosovo
oder die NATO-Erweiterung oder die Raketenabwehr«.
Und: Alle Staaten sollten einzeln, nicht als Mitglieder
von Blöcken oder irgendwelcher anderer Gruppierungen teilnehmen, damit die Arbeit nicht »durch ideolo-
gische Motive entstellt« würde.[6] Das widerspiegelte die
Erfahrungen Russlands mit Politiken der Europäischen
Union oder der NATO. Wenn sie als Blöcke agierten,
war ihre Gangart oft schärfer als bei Treffen mit Regierungen einzelner Staaten. Während sich die deutsche
Bundeskanzlerin zu dem Vorschlag nicht äußerte, fand
ihr französischer Kollege Nicolas Sarkozy die Idee gut
und rief dazu auf, zu diesem Vorschlag einen OSZE
Gipfel einzuberufen. 21 von 55 OSZE-Mitglieder nahmen zu dem russischen Entwurf eines Vertragstextes
Stellung. NATO und EU verweigerten sich aber der
gemeinsamen Arbeit daran mit dem Hinweis, es gebe
bereits mehr als genug solcher Dokumente.
2014 war Europa dann in den Konfrontationsmodus
übergegangen. Die Lesart des Westens: Mit der »Ein-
verleibung der Krim« und dem »Krieg in der Ukraine«
habe sich Russland unverzeihlicher Vergehen schuldig
gemacht, die mit Sanktionen, militärischer Präsenz
an Russlands Grenzen und einer kalten Schulter gegenüber russländischen Interessen bestraft werden

müssten. Das ist die Einheitsmeinung im politischen und medialen Establishment. Der Meinung folgten Taten. Die führenden Industriestaaten der G8 haben Russland ausgeschlossen, der Europarat hat der russländischen Delegation das Stimmrecht entzogen. Der NATO-Russland-Rat kommt nach zweijähriger Unterbrechung zwar sporadisch wieder zusammen, aber das Vertrauen ist nachhaltig zerstört. Sprachlosigkeit, Drohungen und Aufrüstung haben eine kreuzgefährliche Situation geschaffen. Ein bewaffneter Konflikt NATO-Russland, einschließlich einer nuklearen Eskalation, ist nicht mehr ausgeschlossen.

Viele erfahrene Entspannungspolitiker haben vor dieser konfrontativen Politik gewarnt. Doch ihre Ratschläge wurden in den Wind geschlagen. Altkanzler Helmut Schmidt ging in seinem Buch *Außer Dienst* mit der verfehlten Russland-Politik hart ins Gericht: Zusagen zur Abrüstung seien nicht eingehalten, schwere Fehler und Vertrauensbrüche begangen worden, deutsche Politiker verhielten sich überheblich und herablassend, einige mischten sich ständig in die russische Innenpolitik ein und schürten antirussische Ressentiments.

Wilfried Scharnagl, politischer Intimus von Franz Josef Strauß, wird konkret: »Man stelle sich vor, die Ukraine wird Mitglied der NATO. Das bedeutet, dass die Krim – ein Herzstück russischer Geschichte und russischen Selbstverständnisses – plötzlich NATO-Bereich wäre. In Sewastopol sitzt ein amerikanischer Admiral als Kommandeur einer NATO-Flotte im Schwarzen Meer. Wenn man das ausspricht, dann weiß man, es konnte keine

russische Regierung, kein Präsident, kein Ministerpräsident und selbstverständlich auch nicht Putin diesem
Treiben tatenlos zusehen. Dies nicht gesehen zu haben,
war ein Fehler des Westens. Der Westen hat in, wie ich
meine, törichter Einseitigkeit die Ukraine, die in einer
schwierigen Lage ist, verlockt und unterstützt, sich einseitig an die Europäische Union und vielleicht noch die
NATO zu binden.«[7]

Der ehemalige SPD-Vorsitzende und langjährige Ministerpräsident Brandenburgs, Matthias Platzeck, beschreibt sehr deutlich die doppelten Standards in der
Sanktionspolitik: »Wir haben die Sanktionen verhängt
wegen des Bruchs, des unterstellten Bruchs des Völkerrechts. Niemand hat, als die USA in den Irak ein-
marschiert sind – in der Folge hat diese Handlung zu
Hunderttausenden Toten geführt, zur Destabilisierung
einer gesamten Region, zu einer Flüchtlingswelle, die
uns noch heute tagtäglich beschäftigt –, niemand hat
damals nach Sanktionen gerufen.«[8]

Egon Bahr endlich, der engste Vertraute Willy Brandts,
stellt in der aktuellen »schwersten Krise seit dem Ende
des Ost-West-Konfliktes« eine Beziehung her zum
ersten Versuch, mit der bundesdeutschen Ostpolitik
»erstarrte Fronten aufzulösen«. Obwohl seitdem beide
Großmächte schwächer geworden seien, sei auch heute
ohne sie keine Regelung denkbar. Der erfahrene Prag-
matiker der Machtpolitik prognostiziert, »damals wie
heute werden sie offene Gewaltanwendung gegeneinander vermeiden. Die Erhaltung des Status quo hieß
damals: Berlin, Deutschland und Europa wären keinen

Krieg wert. Das gilt heute für die Ukraine und die Krim. In beiden Fällen sind die geostrategischen Fragen wichtiger, die ein politisches Zusammenwirken verlangen.«[9] Dessen ist sich der Friedensnobelpreisträger und ehemalige Staatspräsident der UdSSR, Michail Gorbatschow, nicht so sicher. »Anstatt den Wandel in einer zunehmend globalisierten Welt zu gestalten, hat sich der Kontinent in einen Schauplatz politischer Unruhen, Konkurrenz um Einflusssphären und militärischer Konflikte entwickelt.«[10] Nicht Russland, so Gorbatschow, sondern der Westen und der, wie er schreibt, »Weltpolizist NATO« hätten diesen Konfrontationskurs eingeleitet: »Die Welt scheint sich an der Schwelle eines neuen Kalten Krieges zu befinden. Manche behaupten sogar, er habe bereits begonnen.«[11] Der Westen, allen voran die Vereinigten Staaten von Amerika, hätte sich zum Sieger erklärt, »Euphorie und Triumphalismus sind den westlichen Staats- und Regierungschefs zu Kopf gestiegen«.[12] Jahre überbordend als Architekt der deutschen Einheit und Überwinder der europäischen Teilung in der Öffentlichkeit gefeiert, wird nach derartigen Äußerungen Michail Gorbatschow in der Presse wieder zum »ehemaligen Machthaber im Kreml«, »Parteichef im Kreml«. Mit den Begriffen aus dem Kalten Krieg ist das Denken jener Zeit zurückkehrt.

Im Bundestag ist ein nachdenklicher Umgang mit dem deprimierenden Zustand der deutsch-russischen Beziehungen selten geworden. Zudem haben die Sanktionen gemeinsame deutsch-russische Ausschusssitzungen oder Besuche russischer Abgeordneter erschwert beziehungsweise ganz verhindert. Als der Autor das im Auswärtigen Ausschuss kritisierte, meinte die Bundeskanzlerin: »Ich weiß gar nicht, was Sie wollen. Sie können doch jederzeit nach Moskau fahren.« Das wiederum erinnert sehr an die üblichen antikommunistischen Sprachfloskeln, wenn es in Westdeutschland um die DDR ging: »Geh doch rüber!«, wurde damals reflexartig allen entgegengeschmettert, die auch nur ansatzweise Kritik an der Bundesrepublik West übten.

Am 9. November 2012 war Wolfgang Gehrcke in einer Bundestagsdebatte zum Verhältnis Deutschland-Russland auch auf die Beziehung von Helmut Kohl und Michail Gorbatschow und ihre »Strickjackenfreundschaft« eingegangen, die ihm nicht sonderlich sympathisch wäre. In seiner sachlichen und tiefgründigen Rede ging der CSU-Abgeordnete Peter Gauweiler auf diesen Begriff ein und entgegnete: »Ich glaube, diese Freundschaft war eine große Sache. Strickjacke und Hausschuhe sind besser als Panzer und Stacheldraht. Das hat uns eigentlich alle gut vorangebracht.«[13] Der so Kritisierte konnte nur Beifall klatschen.

Spätestens seit der Ukraine- und Krim-Krise hat sich die deutsche Regierungspolitik gegenüber Russland in eine sich beschleunigende Eskalationsspirale begeben. Die Konsultationen auf Regierungsebene sind nahezu zum Erliegen gekommen, der NATO-Russland-Rat tagt zwar manchmal wieder, ist aber eher ein Ort der gegenseitigen Schuldzuweisungen denn von gegenseitiger Information und Offenheit in Fragen der Sicherheit.

Parallel aber gestalten immer noch Individuen und

Menschengruppen die deutsch-russischen Beziehungen als »Verantwortungsgemeinschaft«, wie Egon Bahr sie einmal bezeichnet hatte. Die Auseinandersetzung über die deutsche Russland-Politik verläuft derzeit nicht vordergründig entlang von Parteigrenzen; eine grobe Linie trennt vielmehr den recht gleichförmigen politischen und medialen Mainstream auf der einen von jenen, die unabhängig mit Sachkenntnis oder zumindest gesundem Menschenverstand die Dinge beurteilen, auf der anderen Seite. In diesem eher bunten Spektrum agieren unterschiedliche friedensbewegte Gruppen, andere kümmern sich um humanitäre Projekte, wieder andere nehmen unter dem Dach der quasi offiziellen Beziehungen von Städtepartnerschaften, Jugend- oder Kulturaustausch diese Möglichkeiten widerständig wahr, in Wirtschaft oder Wissenschaft bewähren sich über lange Jahre gewachsene Kontakte, nicht zu vergessen, die bi- oder trilateralen Organisationen wie deutsch-russisches Forum, Petersburger Dialog oder Weimarer Dreieck, die sehr lebendig sind trotz aller Versuche, sie zu spalten und zu schwächen. Wichtige außerparlamentarische Initiativen für eine andere Russland-Politik haben Persönlichkeiten ergriffen, die noch vor einigen Jahren selbst in hohen Positionen Regierungsverantwortung trugen und oder aus der Tradition der sozialdemokratischen Entspannungspolitik kommen. Seitdem sie in der Friedens- und Russland-Frage derzeit eine andere Position als das Establishment vertreten, erleben sie hierbei ihr blaues Wunder.

Zum Amtsantritt von US-Präsident Obama 2009

setzten sich Egon Bahr, Alt-Kanzler Helmut Schmidt, Alt-Bundespräsident Richard von Weizsäcker und der langjährige Außenminister Hans-Dietrich Genscher in einem Appell für eine atomwaffenfreie Welt ein: »Das Schlüsselwort unseres Jahrhunderts heißt Zusammenarbeit. Kein globales Problem ist durch Konfrontation oder durch den Einsatz militärischer Macht zu lösen.«[14] Zur Jahrtausendwende war eine Welt ohne Atomwaffen ein großes Thema in der Öffentlichkeit. Der Deutsche Bundestag forderte im März 2010 in einem überwältigend angenommenen Antrag den »Abzug der US-Atomwaffen aus Deutschland«.[15] Das ist heute kaum mehr vorstellbar. Die Rüstungsapologeten in den USA, Deutschland oder Polen haben eine neue Kausalkette aufgemacht. Ihre These: Die USA unter Trump sei nicht mehr vorbehaltlos in die NATO eingebunden, so entstünde eine »Sicherheitslücke« generell und insbesondere für die osteuropäischen Staaten. Die Schlussfolgerung: Mehr Abschreckung! In Westeuropa und den USA ist die Wiederauferstehung der Abschreckungsdoktrin ein Werk des militärisch-industriellen Komplexes, in Deutschland innig liiert mit der CDU/CSU. Um abzuschrecken, bedarf es angeblich mehr Atomwaffen in Europa. Die Abschreckungsdoktrinäre treten für eine Modernisierung der US-Atomwaffen in Deutschland ein, sie wollen französische und britische Atomwaffen in europäische Planungen einbinden. Nein zu Atomwaffen war seit Hiroshima und Nagasaki durchgängig ein tragender Gedanke der weltweiten Friedensbewegung. Mitte der fünfziger Jahre hatte der polnische Außenminister Adam Rapacki großen Zuspruch für seinen Vorschlag erhalten, Mitteleuropa zu einer atomwaffenfreien Zone zu machen. Der stärkste und am meisten ausstrahlende Gedanke aus der Ära Gorbatschow war die Vision von einer Welt ohne Massenvernichtungswaffen. All diese Impulse scheint die staatstragende Politik des Westens vergessen und begraben zu haben. Die Bundesregierung wird sich noch nicht einmal an internationalen Verhandlungen über einen Vertrag zur Ächtung und Abschaffung von Massenvernichtungswaffen beteiligen, die etwa 130 Staaten im März 2017 unter dem Dach der UNO aufnehmen. Zur Nichtteilnahme hatten die Vereinigten Staaten ihre Verbündeten in einem internen NATO-Papier aufgerufen.[16]

2014 spitzten sich die Spannungen im Zuge der Ukraine-Krise zu, und es bewegte sich auch wieder Protest auf den Straßen. Motor war eine sich als »neu« verstehende Friedensbewegung. Im *Friedenswinter 2014/15* fanden Teile der »alten« und der »neuen« Friedensbewegung in Aktionen und einer eindrucksvollen Demonstration vor dem Bundespräsidialamt zusammen für »Friedenslogik statt Kriegsrhetorik«, so der Titel ihres Aufrufs.[17] Er war breit angelegt, benannte geostrategische Interessen, die zu Kriegen führen, und ihre Folgen in Hunger, Armut und Flucht. Letztlich mobilisierend aber wirkte der Gedanke: »Der Weg der Konfrontation und der Gewalt, des Hasses und der Vernichtung muss überwunden werden – gerade als Lehre aus zwei Weltkriegen und Faschismus. (…) Kooperation statt Konfrontation! Wir treten ein für eine Politik der gemeinsamen Sicherheit, die auch Russland mit einbeziehen muss.«

Im Juni 2015 hatten sich namhafte Intellektuelle und Künstler vom Willy-Brandt-Kreis, unter ihnen Egon Bahr, Daniela Dahn, Dieter Klein, Rolf Reissig, Michael Schneider, Friedrich Schorlemmer oder Klaus Staeck, »Zum bedrohten Frieden – für einen neuen europäischen Umgang mit der Ukraine« zu Wort gemeldet[18], und im Juni 2016 unterbreiteten sie in ihrer Erklärung »Der europäische Frieden ist in Gefahr« konkrete Schritte zur Deeskalation. Im Dezember 2016 erhoben Wissenschaftler, Künstler, Politikerinnen und Politiker aus Deutschland, Europa, den USA und anderen Ländern ihre Stimme, um der Forderung »Die Spirale der Gewalt beenden – für eine neue Friedens- und Entspannungspolitik jetzt!« Gehör zu verschaffen.[19] Aus Deutschland sind mit mehreren Tausend anderen dabei der DGB-Vorsitzende Reiner Hoffmann, der ver.di-Vorsitzende Frank Bsirske, der Russland-Experte Christian Wipperfürth, der Russland-Beauftragte der Bundesregierung, Gernot Erler, ehemalige Bundesminister wie Herta Däubler-Gmelin oder Björn Engholm sowie aktive und ehemalige Bundestagsabgeordnete aus den Parteien SPD, LINKE und GRÜNE. Diese Initiative ist auf Dauer und weltweite Vernetzung angelegt, aus den USA wird sie etwa unterstützt von den weltbekannten Intellektuellen Noam Chomsky, Stephen F. Cohen oder aus Schweden von dem Diplomaten Rolf Ekéus.

Das ist nur eine Auswahl der Appelle der letzten Jahre. Sie alle setzen eigene Akzente, zum Beispiel zur NATO-Osterweiterung, sie haben unterschiedliche Schwerpunkte. Doch jeder einzelne und sie alle sind von der Überzeugung getragen, dass Differenzen mit Russland ausschließlich friedlich und mit diplomatischen Mitteln bearbeitet werden müssen und dass zugleich keines der europäischen Probleme ohne Russland gelöst werden könne. Wie im Einzelnen auch die Handlungen der russischen oder deutschen Regierung zu beurteilen sei, es müsse ein Ausstieg aus der Spirale von Eskalation und Gewalt gefunden werden; Zusammenarbeit statt Konfrontation, Vertrauensbildung, für eine europäische Sicherheitsordnung, Stärkung der internationalen Organisationen von UNO und OSZE, Abrüstung.

Am meisten Aufmerksamkeit hat bislang wohl der Aufruf »Wieder Krieg in Europa? Nicht in unserem Namen!« gefunden, den der frühere Kanzlerberater Horst Teltschik (CDU), der ehemalige Verteidigungsstaatssekretär Walther Stützle (SPD) und die frühere Bundestagsvizepräsidentin Antje Vollmer (GRÜNE) im Dezember 2014 initiiert hatten. Seine gut 60 Erstunterzeichnerinnen und -unterzeichner repräsentieren ein breites Spektrum Prominenter wie Roman Herzog, der Alt-Bundespräsident von der CDU, und Hans-Jochen Vogel, der alte Sozialdemokrat, Ex-Bischöfin Margot Käßmann, Benediktiner-Pater Anselm Grün und Alt-Kanzler Gerhard Schröder, Luitpold Prinz von Bayern, der Urenkel des letzten bayerischen Königs, und der Astronaut Sigmund Jähn, Schauspieler wie Mario Adorf und Klaus Maria Brandauer, Schriftsteller wie Christoph Hein, Regisseure wie Wim Wenders, ehemalige Innenminister wie Otto Schily von der SPD und Burkhard Hirsch von der FDP. Gemeinsam richteten sie einen Appell an die Bundesregierung, Besonnenheit mit Russland walten zu lassen und eine neue Entspannungspolitik auf der Grundlage gleicher Sicherheit für alle einzuleiten; an die Abgeordneten des Deutschen Bundestages, aufmerksam »über die Friedenspflicht der Bundesregierung zu wachen«, und an die Medien, »ihrer Pflicht zur vorurteilsfreien Berichterstattung überzeugender nachzukommen als bisher«.[20]

Diese mahnende Kritik mochten die sogenannten Leitmedien gar nicht, sie schlugen zurück.[21] »Nicht der Westen bedroht Russland und den Frieden in Europa – Putin tut es«, meinte der damalige Vorsitzende des Auswärtigen Ausschusses, Ruprecht Polenz (CDU), in einem Gastbeitrag für *Die Zeit* klarstellen zu müssen.[22] »Ein peinlicher Aufruf, der die Tatsachen auf den Kopf stellt«, belehrt in der *Welt* Karl Schlögel, Professor für osteuropäische Geschichte, die Greenhorns der Unterzeichnerinnen und Unterzeichner.[23] Der FAZ-Redakteur Klaus-Dieter Frankenberger arbeitet sich an Gerhard Schröder ab und attestiert ihm »Gedächtnisschwund«[24]. In der *Berliner Zeitung* konstatiert Karl Doemens, Chefkorrespondent der DuMont Redaktionsgemeinschaft, mangelnde Gesprächsbemühungen könne man der Bundesregierung nun wirklich nicht vorwerfen. »Putins Antwort freilich bestand meist aus Waffen und Propaganda.«[25] Dominic Johnson, Ressortleiter Ausland der *taz*, setzt am selben Tag noch einen drauf. Er spitzt das

»meist« zu: Alles Ungemach hat seinen Ausgang in Russland. Es »hat sich ukrainisches Staatsgebiet einverleibt, unterstützt kriminelle Banden in der Ostukraine politisch und militärisch aktiv«. Dem Aufruf attestiert er abwechselnd einen »Bückling vor Putin« und einen »Kotau vor Putin«, allein für den schönen »Diener« hatte er keine Verwendung mehr.[26] Die *Süddeutsche Zeitung* machte – damals noch – eine Ausnahme. Heribert Prantl, Mitglied der Chefredaktion: »Der Aufruf ist ein Dokument der brennenden Sorge. Die Sorge ist berechtigt.«[27]

Dieses gesamte Spektrum an Positionen spiegelt sich auch im Bundestag. Die Kluft zwischen denjenigen, die ein gut nachbarschaftliches Verhältnis zu Russland anstreben, und den anderen, die es lieber feindlich mögen, ist mit der Dauer der Auseinandersetzung größer geworden.

Norbert Röttgen (CDU), Vorsitzender des Auswärtigen Ausschusses, und Marieluise Beck, Obfrau der GRÜNEN in diesem Gremium, bilden in der Russland-Frage den rechten Rand des Parlaments. Zunächst zu den GRÜNEN: Ihr Umfeld in der Grünen Osteuropa-Plattform, der Heinrich-Böll-Stiftung, der *taz*, im *Deutschlandfunk*, an Osteuropa-Instituten einiger Universitäten bis hinein in die FDP-nahe Friedrich-Naumann-Stiftung hat einen Konter gegen den Aufruf »Nicht in unserem Namen« versucht. Vorgestellt als »Osteuropa-Experten«, haben über hundert Personen eine Petition zu »Friedenssicherung statt Expansionsbelohnung« gestartet. Erstunterzeichnende waren unter anderem

Grüne Speerspitzen gegen Russland wie Marieluise Beck (MdB), Rebecca Harms (MdEP), Markus Meckel, Gerd Poppe und Werner Schulz (alle drei Ex-MdB aus Bündnis 90), auch die Deutschlandfunkkorrespondentin, damals in Warschau, Sabine Adler, der ehemalige ARD-Korrespondent in Moskau, Klaus Bednarz, oder Hans-Georg Wieck, Botschafter a. D. in Moskau, Indien, bei der NATO, Chef des BND, Vertreter der OSZE in Minsk. Mit nicht einmal 2.500 Unterschriften endete die Petition zwar als Rohrkrepierer, die Medien aber hatten sie freundlich aufgenommen, wiederholten sie doch das, was der Mainstream schon damals von sich gab und bis heute beibehält. Deshalb lohnt ein Blick auf diese Petition.

Zuerst bescheinigen die »Osteuropa-Experten« den Initiatoren des Appells der Prominenten »nur geringe Expertise zum postsowjetischen Raum, wenig relevante Rechercheerfahrung und offenbar keine Spezialkenntnisse zur Ukraine sowie den jüngsten Ereignissen dort«. Das ist ein Witz und noch nicht einmal ein besonders origineller. Denn Experten wie die hier versammelten »Osteuropa-Experten« kommen gern als Fachleute daher, wenn sie doch nur ihre sehr spezielle Meinung als allgemeingültige Wahrheit verkaufen. Ihre erste These: Im Ukraine-Krieg »gibt es einen eindeutigen Aggressor«: Russland. Wenn der »eindeutige Aggressor« ernstgemeint ist, dann ist Ex-General Harald Kujat vielleicht doch der bessere Experte für Militärisches. Er ist ehemaliger Generalinspekteur der Bundeswehr und Vorsitzender des NATO-Militärausschusses. »Wenn

Russland wollte, wäre der Konflikt im Osten der Ukraine binnen 48 Stunden beendet – in Putins Sinne«, so die Quintessenz seiner Analyse des militärischen Kräfteverhältnisses in Mitteleuropa.[28]

Danach richten die »Osteuropa-Experten« eine Warnung an die Politik: »Frühere Erfahrungen sollten Berlin vorsichtig machen: Im Sommer 2008 entstand im Kaukasus eine ähnlich ›verfahrene Situation‹ infolge Russlands faktischer Kündigung des EU-vermittelten russisch-georgischen Friedensabkommens.« Das sieht die seitens der EU initiierte »Independent International Fact-Finding Mission on the Conflict in Georgia« ganz anders. Ein Verstoß gegen internationales Recht sei vielmehr der georgische Angriff auf die in Südossetien stationierten Friedenstruppen gewesen. Die UNO hatte der *Gemeinschaft Unabhängiger Staaten* (GUS) den Auftrag erteilt, mit eigenen Truppen für Stabilität in diesem Raum zu sorgen. Der seinerzeitige georgische Präsident Saakaschwili hingegen hatte für diesen Kaukasus-Krieg Rückendeckung aus der Bush-Administration, vor allem von Vizepräsident Cheney. Als unverhältnismäßig bezeichnete die International Fact-Finding Mission allein, dass die GUS-Truppen, sie bestanden überwiegend aus russischen Soldaten, bei der Abwehr des Angriffs über Südossetien hinaus auf georgisches Gebiet vordrangen, aus dem sie sich nach fünf Tagen wieder zurückgezogen hatten.

Nachdem sie Russland bei diesem Konflikt als »Aggressor« ausgemacht haben, werfen die »Osteuropa-Experten« dem Kreml vor: Das sei eine »Wiederholungstat«

gewesen. Russland habe bereits zuvor seinen »vertraglich zugesicherten Truppenrückzug aus der Moldawischen Region Transnistrien« nicht umgesetzt. Transnistrien war ein kleiner Teil der Republik Moldawien, der sich nach dem Zerfall der Sowjetunion abgespalten hat. Um die Frage, wohin gehört Transnistrien, kam es zum Bürgerkrieg zwischen den verbliebenen Republik-Teilen, er konnte unter Vermittlung Moskaus und General Lebeds, der die in der Region stationierte 14. Russische Armee befehligte, beendet werden. Mit Billigung der OSZE sichert seit 1992 eine Friedenstruppe mit Soldaten aus Russland, Moldawien und Transnistrien einen Korridor an der Demarkationslinie zwischen Moldawien und Transnistrien. Laut OSZE-Beschluss sollten die russischen Soldaten 2002 abgezogen werden. Sie sind Anfang 2017 immer noch da, noch ist der Konflikt nicht völkerrechtlich gelöst. Dies unter dem Stichwort »Wiederholungstat« als Aggression einzustufen, wird der Rolle Russlands in diesem Konflikt nicht gerecht und blendet zudem die Rolle der EU als dessen Bestandteil aus.

Seitens der »Osteuropa-Experten« folgen Anwürfe, der Appell »Nicht in unserem Namen« versammle »Halbwahrheiten«, »kaum kaschierte Verleumdungen«, »Fehlinformationen und tendenziöse Interpretationen«, »Pathos, Geschichtsvergessenheit und Pauschalurteile«. Was bezwecken sie mit ihrer Petition, außer übler Nachrede? Am Ende ihres Textes lassen sie endlich die Katze aus dem Sack. »Dem Export der illiberalen Gesellschaftsvorstellungen des Kreml in die EU sollte in

unserem eigenen Interesse entgegengewirkt werden.«
Es geht also nicht um konkrete Konflikte, sondern um
»Gesellschaftsvorstellungen«. Unterschiedliche Vorstellungen von Gesellschaft würden Europa in einander
feindlich gegenüberstehende Blöcke spalten. Diese Idee
stammt nicht aus der Feder der »Osteuropa-Experten«. Verdichtet und popularisiert hat sie vielmehr der
US-Amerikaner Timothy Snyder. Unter seiner Leitung
hatte im Mai 2014 in Kiew der Kongress »Thinking To-
gether« mit großer Beteiligung westlicher Intellektueller
und Multiplikatoren stattgefunden.[29] Sein wichtigstes
Ergebnis: Russland sei ab jetzt unser Feind, denn Russland folge einem anderen »zivilisatorischen Modell«.[30]
Spiegel Online berichtete von der Erkenntnis, die alle
Panels und alle Diskussionen durchzog: »Die Europäische Union hat einen Feind, zum ersten Mal in ihrer
Geschichte. (...) Dieser Feind ist nicht einfach Wladimir
Putin und die russische Militärmacht«, es sei vielmehr
»das Eurasische Projekt, das zugleich Wirtschaftsraum
und Wertegemeinschaft ist. Sie basiert auf sozial konservativen Vorstellungen, auf der Idee, dass gegen die
umfassende westliche Dekadenz nur die Besinnung auf
die sogenannten Familienwerte helfe, dass die Herkunft
in Ehren gehalten werden müsse, dass Homosexualität
nicht toleriert werden könne.« Dieser Feind stehe »für
einen anderen Zivilisationsentwurf«. Der Feind wisse,
»dass er die Europäische Union nicht besiegen kann,
dass seine Kräfte dazu nicht ausreichen. Aber er kann
sie schwächen, ihre Mitglieder gegeneinander auf-
bringen, ihre Kompromisskultur stören.« Hier wird der

Clash of Civilizations, der Kampf der Kulturen, auf das europäische Ost-West-Verhältnis übertragen und soll fatale Feindbilder und Ängste mobilisieren, von der Bedrohung durch asiatische Barbaren über slawische Untermenschen bis zu jüdischen Bolschewisten[31]; sie alle bedrohten die europäisch-zivilisierten Gesellschaften bis in die Grundfesten. Was der Aufruf der »Osteuropa-Experten« anbietet, ist mehr als nur Konfrontation statt Dialog. Er liefert die Blaupause und den Hintergrund für die Argumente, die in den kommenden Jahren leicht variiert und aktualisiert fortdauernd wiederholt werden; nicht nur von GRÜNEN-Politikern, auch und gern von Konservativen.

Die CDU/CSU-Fraktion betont in ihrem »Positionspapier Russland«[32] vom 29. November 2016 zwar »eine Politik der ausgestreckten Hand«, aber sobald es konkret wird, ballt sich die Hand zur Faust. Nicht Russland könne sich durch die NATO-Osterweiterung bedroht fühlen, umgekehrt wird ein Schuh draus: »Konventionelle sowie nicht-konventionelle Bedrohungen an der Ostgrenze der NATO rücken durch die aggressive Außenpolitik Russlands wieder näher.« Auch sprachlich nimmt die Bedrohung eine verblüffende Wendung, wenn in dem Papier nicht die NATO zur Westgrenze Russlands, sondern Russland zur Ostgrenze der NATO vorstößt, zumal die NATO kein Raum mit anerkannten Grenzen ist. Es folgt wieder das bekannte »Georgien 2008« als erstes Mal, dass Russland »das Territorium eines souveränen Staates angegriffen und besetzt« habe, vor dem zweiten Mal, der »völkerrechtlichen Annexion der Krim und der militärischen Intervention im Donbass«. Und so stolpert die CDU/CSU-Fraktion mitten hinein in die mutmaßlichen Motive der russischen Politik. Russland beanspruche das Gebiet der ehemaligen Sowjetunion »als eigene Interessensphäre«, Russland wolle »instabile Zwischenzonen zwischen der EU und Russland schaffen und die betroffenen Länder, insbesondere die Ukraine, auf Dauer nicht zur Ruhe kommen zu lassen«, die »hybride Einflussnahme« und Cyberangriffe dürfen nicht fehlen. »Vor allem befürchtet Russland die Verwirklichung des politisch und ökonomisch erfolgreichen europäischen Modells auch in ›Bruderländern‹, wie der Ukraine, und sieht darin eine Bedrohung für das eigene unattraktive und ineffiziente System.« Das alles ist aber in dem CDU/CSU-Papier nur die Ouvertüre für das Aufrüstungsprogramm der NATO, denn »die europäische Staatengemeinschaft kann die Aggression Russlands in Osteuropa nicht hinnehmen«. Auch die »sicherheitspolitische Handlungsfähigkeit der EU« müsse gestärkt werden. »Deutschland muss und wird dafür … seiner Führungsverantwortung gerecht werden.« In einem Moment der Klarheit gibt die Union zu, »dass wir uns mit Russland in einen geostrategischen Wettstreit um die Ukraine begeben haben«. »Eine Normalisierung, erst recht ein Neuanfang in den Beziehungen zu Russland ist ohne eine Regelung der Krise in der Ukraine nicht möglich.« Regelung heißt laut Positionspapier: Die Krim wird wieder ukrainisch, und die Vereinbarungen von Minsk müssen »vollständig umgesetzt« sein. Erst dann könnten die Wirtschaftssanktionen gegen Russland aufgehoben werden. Doch schon vorher möchte die Unionsfraktion Vertrauen, das Russland zerstört habe, wieder aufbauen, etwa durch regelmäßige Tagungen des NATO-Russland-Rats, einen »strukturierten Dialog über die Zukunft der konventionellen Rüstungskontrolle in Europa« im Rahmen der OSZE. Ausloten will die Union, »ob und wo es Räume gemeinsamer Interessen für Sicherheit und Stabilität gibt«, etwa in der Terrorismusbekämpfung, einer Friedenslösung für Syrien, auch gebe es weiter Bemühungen um den Ausbau der zivilgesellschaftlichen Zusammenarbeit. Gemessen an der Klarheit der Drohungen bleiben die Versprechen auf eine mögliche Zukunft vage.

In der gemeinsamen Regierungskoalition besteht zwischen den Partnern CDU/CSU und SPD in der Russland-Frage Übereinstimmung im Grundsätzlichen. Der außenpolitische Sprecher der SPD-Fraktion, Niels Annen, rechtfertigt die Sanktionen als Teil von Diplomatie. Aus seiner Sicht sind sie das zivile Instrument zur Verhinderung von Krieg. Die Forderung nach Aufhebung der Sanktionen werten seine Partei und er als »Ermutigung des bisherigen Kurses von Wladimir Putin«.[33] Dieser Kurs ist in der Bundestagsfraktion wie in der SPD als Partei nicht ganz unumstritten. Doch auch der SPD-Parteivorstand hat sich in diese Richtung festgelegt und ihr den schmückenden Namen »Doppelstrategie« gegeben: Erstens seien Repression, »Verletzung des Völkerrechts, militärische Subversion und Annexion zur Durchsetzung geopolitischer Machtansprüche« unzweideutig zurückzuweisen. »Zweitens aber brauchen wir ausgehend von dieser Standhaftigkeit auch die Klugheit, die momentan von der Bildfläche verdrängten langfristigen Interessen der Kontrahenten zu erkennen und daraus neue verbindende Zukunftsperspektiven abzuleiten.« Die SPD müsse »zu einer Politik der Kooperation zurückkommen« und Russland »in gesamteuropäische politische, wirtschaftliche und Sicherheitsstrukturen einbinden«. Aufbauend auf Russlands konstruktiver Rolle bei den Gesprächen zum iranischen Atomprogramm, soll Russland sich an der Lösung internationaler Konflikte im Nahen und Mittleren Osten beteiligen; auch am Welthandel, denn: »Europa braucht nicht nur enge Bindungen an die USA, sondern partnerschaftliche Beziehungen auch zu Russland und den anderen östlichen Nachbarn.« Die Ukraine sei vor die falsche Alternative »Europa oder Russland« gestellt worden.[34] Diese Töne klingen versöhnlicher als im Positionspapier der CDU/CSU-Bundestagsfraktion. Und respektvoller erinnert der SPD-Parteivorstand in dem ersten Teil seines Beschlusses an den nationalsozialistischen Angriffs- und Vernichtungskrieg, in dem nicht zuletzt die Völker der Sowjetunion »unvorstellbare Opfer erleiden mussten«. Doch die Grundlinie der sozialdemokratischen Außenpolitik in der Ukraine-Krise ist identisch mit jener der CDU/CSU. Auch die Sozialdemokraten schieben die Schuld für »die den Frieden bedrohende Krise« einseitig der russischen Regierung in die Schuhe und behaupten, sie habe »fundamentale Prinzipien der europäischen Sicherheitsordnung in Frage gestellt und damit auch die Zusammenarbeit im

Rahmen der bilateralen Modernisierungspartnerschaft die Grundlage entzogen«. Kulminationspunkt dafür ist aus SPD-Sicht die russische Annexion der Krim und die militärische Infiltration der Ostukraine.[35] Deshalb seien die Beschlüsse und Maßnahmen der NATO und die EU-Sanktionen richtig und notwendig.

Das Stichwort »Modernisierungspartnerschaft« ist gefallen. Die deutsch-russische Modernisierungspartnerschaft war als Idee früher für die Bundesregierung von strategischer Bedeutung. Bereits im Jahr 2008 hatte Frank-Walter Steinmeier am Institut für Internationale Beziehungen der Ural-Universität in Jekaterinburg über die »gewaltigen Modernisierungsaufgaben« bei der Erneuerung der Infrastruktur, bei Investitionen und der Schaffung einer sozial gerechten Gesellschaft gesprochen. »Vor Ihnen liegt die ungeheure Aufgabe, den Rohstoffreichtum Ihres Landes zu nutzen, um eine breit aufgestellte, weltweit wettbewerbsfähige Wirtschaft aufzubauen.« In all diesen Bereichen sah der Bundesaußenminister »eine große Schnittmenge gemeinsamer Interessen … Wir wollen, dass der historisch einzigartige Prozess der Transformation und Modernisierung Russlands ein Erfolg wird!«[36] Zwei Jahre später, nunmehr in der Opposition im Bundestag, reichte die SPD-Fraktion einen Antrag in den Bundestag ein zur »Modernisierungspartnerschaft mit Russland – Gemeinsame Sicherheit in Europa durch stärkere Kooperation und Verflechtung«[37]. Er wurde von der schwarz-gelben Mehrheit abgelehnt – und damit landete die Modernisierungspartnerschaft in der Versenkung und blieb dort auch, als die SPD ab 2013 wieder in der Regierung war. Die Überlegungen der Linksfraktion zum deutsch-russischen Verhältnis unterscheiden sich grundsätzlich von denen der anderen Bundestagsparteien. Deshalb erntet sie in Plenumsdebatten oft giftige Zwischenrufe und herabsetzende Anwürfe. So echauffierte sich beispielsweise bei der Bundestagsdebatte zu den außenpolitischen Auswirkungen der US-Truppenverlegungen nach Osteuropa der SPD-Redner Dr. Karl-Heinz Brunner über DIE LINKE:

»Eines – das habe ich heute wieder in der Debatte mitbekommen – haben die Populisten von rechts und die Rhetorik von links gemeinsam, nämlich die gefährliche Lust an der Konfrontation. Während die Rechten ja in der Regel, assistiert von der Russischen Föderation, versuchen, halbe und erfundene Wahrheiten zu verbreiten und Ängste vor düsteren Mächten zu schüren, haben die Linken stets die Verharmlosung von Putin als Friedensengel im Blickfeld, verteufeln die NATO, wo es nur geht, und beschwören wie Sie, lieber Kollege Gehrcke, den Kalten Krieg.«[38]

Auch die Konservativen reagieren allergisch auf die Vorschläge der LINKEN zum Aufbau einer neuen Sicherheitsarchitektur in Europa unter Einbeziehung Russlands, und ganz besonders dann, wenn die Linksfraktion die Frechheit besitzt, einen Antrag zu stellen: »Die NATO durch ein kollektives System für Frieden und Sicherheit in Europa unter Einschluss Russlands ersetzen«. Das konnte Henning Otte von der CDU/CSU-Fraktion nicht ertragen.

»Das, was wir eben aus diesem Hohen Hause von diesem Rednerpult gehört haben, greift die Fundamente
unserer Republik an. Es greift die Fundamente eines
erfolgreichen Verteidigungsbündnisses an, und es greift
vor allem die Stabilität und den Frieden in Europa und
in Deutschland an.«[39]

Dabei ist DIE LINKE in dieser Frage und in der Frage
nach der Gestaltung der bilateralen Beziehungen zu
Russland bei der Bevölkerungsmehrheit und nah an
den Positionen der zivilgesellschaftlichen und außerparlamentarischen Initiativen für eine andere Russland-
politik. In zahlreichen Reden, Anträgen und Anfragen
hat DIE LINKE ihre Position dargestellt und Vorschläge
entwickelt. Hier seien sie zusammengefasst:

Deutschland und die Europäische Union müssen alle
Versuche, Russland zu isolieren, unterlassen und mit
Russland ein System der gemeinsamen europäischen
Sicherheit aufbauen. Ein erster Schritt wäre ein Stopp
der NATO-Osterweiterung und der Stationierung von
NATO-Truppen an der russischen Westgrenze. Der
Krim-Konflikt ist derzeit nicht für alle Seiten befriedi-
gend lösbar, er muss für später beiseitegelegt werden.

Dem Sicherheitsbedürfnis aller europäischen Staaten
ist Rechnung zu tragen. Dafür sind die Schlussakte
von Helsinki (1975) und die OSZE-Charta von Paris
(1990) wichtige Ausgangspunkte. Die Chance, beide Dokumente erneut in die internationale Debatte
zu bringen, hat Deutschland während der Zeit seines
OSZE-Vorsitzes 2016 leider vertan. Das Völkerrecht ist
neu zu beleben: Verzicht auf Gewalt und die Andro-

hung von Gewalt militärischer und wirtschaftlicher Art, Stärkung der UNO und OSZE, Respekt der politischen und territorialen Integrität aller wären wichtige Punkte. Speziell zur Ukraine meint DIE LINKE: Die Ukraine braucht Frieden, Demokratie und nicht zuletzt deshalb eine Entmachtung der Oligarchen. Eine militärische Lösung der schweren Krise in der Ukraine muss glaubwürdig und vollständig ausgeschlossen werden. In diesem Sinne ist das Abkommen »Minsk II« das Beste, was derzeit erreichbar ist. Für seine Umsetzung ist nicht Moskau allein, sondern genauso die Kiewer Regierung verantwortlich. Krisenminderung in der Ukraine wird leichter, wenn die sogenannten »Separatisten« offizieller Teil von Verhandlungen werden. Staatliche Verhandlungen brauchen, um nachhaltig zu wirken, zivilgesellschaftliche Aktivitäten, so auch in einer neuen Konferenz für Sicherheit und Zusammenarbeit in Europa (Helsinki + 40). Friedensbewegungen, antifaschistische Organisationen, ökologische, soziale, Menschenrechtsinitiativen sind unverzichtbarer Teil einer Demokratisierung in Europa. Die Europäische Union darf sich selbst nicht mit Europa gleichsetzen, sie ist nur ein Teil davon. Zwischen der Europäischen Union und der Eurasischen Zollunion sollten vertragliche Vereinbarungen und Zusammenarbeit angestrebt werden. Auch aus diesem Grund hat DIE LINKE die Assoziierungsabkommen mit der Ukraine und Moldawien abgelehnt. Das Assoziierungsabkommen mit der Ukraine ist dann später in einer Volksabstimmung in den Niederlanden durchgefallen und darf nicht hinterrücks, wenn auch nicht rechtlich, so doch versteckt, faktisch durchgezogen werden.

In der gesamten Regierungspolitik und in den Bundestagsdebatten wird übersehen, dass Deutschland nicht völlig frei in seiner Russland-Politik ist. Mindestens zwei Verträge sind noch völkerrechtlich gültig und somit verbindlich: der Zwei-plus-Vier-Vertrag, der durchaus den Charakter eines Friedensvertrags hat, und der »Vertrag über gute Nachbarschaft, Partnerschaft und Zusammenarbeit zwischen der Bundesrepublik Deutschland und der Union der Sozialistischen Sowjetrepubliken« von 1990, ratifiziert im Februar 1991. Beide Verträge verpflichten beide Staaten zur unbedingten Friedenspolitik. Wörtlich heißt es im Vertrag über gute Nachbarschaft, beide Staaten bekennen sich zu dem Grundsatz, »dass jeder Krieg, ob nuklear oder konventionell, zuverlässig verhindert und der Frieden erhalten und gestaltet werden muss«. Und im Zwei-plus-Vier-Vertrag vom 12. September 1990 steht ganz oben, in Artikel 2: »Die Regierungen der Bundesrepublik Deutschland und der Deutschen Demokratischen Republik bekräftigen ihre Erklärungen, dass von deutschem Boden nur Frieden ausgehen wird.«[40] Das ist eine sehr starke Formulierung. Verträge werden ja für schlechte Zeiten geschlossen. In guten kommen die Vertragspartner miteinander aus, sie sprechen miteinander, sie können sich verständigen. In schlechten Zeiten sind Gespräche und Verständigungen schwierig geworden, Vertrauen ist verletzt, man kommt nicht zusammen. Wie gut, dass es für diese Situation Verträge gibt, die gültig und einzuhalten sind. Sie legen die Vertragspartner fest auf: nur Frieden. Von deutschem Boden darf nur Frieden ausgehen.

Kapitel 2

NATO statt Frieden

Nach dem Zerfall der Sowjetunion im Jahr 1991 schien es, als zerfiele auch Russland. Ein beispielloser Raub von Volksvermögen und dessen Konzentration in den Händen von unfassbar reichen Oligarchen ließ die Bevölkerung verarmen und die Wirtschaft kollabieren. Ein trunkener russischer Präsident Boris Jelzin war dem Westen ein willfähriges Gegenüber. Als er Wladimir Putin zu seinem Nachfolger ernannte, hinterließ er ein zerrüttetes Land mit einem riesigen Berg Auslandsschulden von 44,5 Prozent des russischen Bruttoinlandsprodukts.[41] Doch Russland konnte sich erholen, sich sozial und politisch stabilisieren. Das größte Land der Erde, es umfasst fast die Hälfte des Globus, begann wieder aufzustehen. Zunächst orientierte sich die russische Regierung Richtung Westen. Wenige Monate im Amt, schloss Präsident Putin im Jahr 2000 einen NATO-Beitritt seines Landes nicht aus.[42] Wenig später schlug er ein gemeinsames Raketenabwehrsystem Russlands und der NATO vor. Und so ging es weiter bis zur Idee einer eurasischen Wirtschaftsunion in einem »gemeinsamen Kontinentalmarkt«, »einer harmonischen Wirtschaftsgemeinschaft von Lissabon bis Wladiwostok«, die er 2010 in einem Gastbeitrag für die *Süddeutsche Zeitung* am ersten Tag seines damaligen Deutschlandbesuchs vorschlug.[43]

Auf die innere Entwicklung Russlands aber und seine Avancen nach außen gab es zunächst keine einheitliche Antwort des Westens. Es kristallisierten sich zwei Linien heraus: Die eine, die Russland isolieren und kleinmachen wollte und zu diesem Zweck Kriege, zunächst Stellvertreterkriege, einkalkulierte; an ihrer Spitze stehen die USA. Die andere, die Russland einbinden will, freilich nicht zu dessen Bedingungen, sondern zu den eigenen, von außen gesetzten; dafür steht die deutsche Regierung, die einen Krieg mit Russland vermeiden will. Doch deren Vertreter haben nicht gegen die erste Linie opponiert, höchstens kurz aufbegehrt, um sich wieder einzugliedern und einbinden zu lassen. Im Ergebnis herrscht in Europa ein konfrontatives Klima. Dafür machen die westlichen Regierungen Russland verantwortlich. Durch seine Politik fühlten sich die Anrainerstaaten bedroht und suchten Schutz bei der NATO. Die russische Seite sieht das umgekehrt, sie wertet ihrerseits das Vorrücken der NATO von der Elbe aus 2.000 Kilometer nach Osten als Bedrohung. Eskaliert ist die brenzlige Lage dann zusätzlich im März 2014 nach den Maidan-Protesten in Kiew und dem Anschluss der Krim an Russland, ein Akt, den die einen als völkerrechtswidrige Annexion bezeichnen, die anderen als selbstbestimmte Sezession und Beitritt zur Russischen Föderation. Seitdem wird Russland vom Westen attackiert mit den Waffen militärischer Provokationen, politischer und wirtschaftlicher Sanktionen und einem Krieg der Worte. Diese drei miteinander verwobenen Teile kennzeichnen auch die aktuelle deutsche Politik gegenüber Russland. Sie werden unten einzeln beleuchtet.

Alle Jahre flöten deutsche Politikerinnen und Politiker Dankbarkeit für das Geschenk der deutschen Einheit. Nur vergessen sie, dass diese gute Gabe nicht zuletzt eine Frucht von Vertrauen ist. Ohne die Zustimmung der Sowjetunion hätte es die Einheit nicht gegeben. Deren führende Politiker haben in dem entscheidenden Moment dem deutschen Volk vertraut, dass es als große Macht im Herzen Europas nicht wieder aggressiv werde. Und sie haben ihrem ehemaligen Feind, der westlichen Supermacht USA, Vertrauen über den Augenblick hinaus vorgeschossen in ihrer Zuversicht auf eine von nun an gemeinsame Zukunft. Ein Mann, ein Wort, so hatte seinerzeit US-Außenminister James Baker dem Staatspräsidenten der UdSSR, Michail Gorbatschow, in die Hand versprochen, dass sich die NATO »keinen Zoll« weiter in Richtung Osten bewegen werde. »Ich habe Gorbatschow mehrmals darauf aufmerksam gemacht, dass er sich nicht auf die mündlichen Versprechungen aus Washington verlassen sollte. Das Einzige, was den Amerikanern die Hände bindet, ist ein Dokument, das vom Senat ratifiziert ist«, erinnerte sich Valentin Falin, ehemaliger Botschafter (1971–1978) der Sowjetunion in der BRD. Gorbatschow habe den Einwand weggewischt und gemeint: »Du echauffierst dich umsonst, ich bin bereit, meinen amerikanischen Partnern zu glauben.«[44] Reichlich anderthalb Jahrzehnte später sind die meisten ehemals sozialistischen Staaten Mittel- und Osteuropas in die Europäische Union und die NATO aufgenommen beziehungsweise mit ihnen in einer Art privilegierter Partnerschaft verbunden. Russland versteht das als moderne Variante des Dranges nach Osten. Der russische Präsident Putin diagnostiziert in seiner Rede auf der Münchner Sicherheitskonferenz im Jahr 2007 eine »übermäßige Militäranwendung in internationalen Fragen«. Diese habe zu einer Verachtung grundlegender Prinzipien des Völkerrechts in der Welt geführt und entfache »ein neues Wettrüsten«. Ausdrücklich warnte Putin vor einem Festhalten an der NATO-Osterweiterung, die »provozierend« auf Russland wirke und das gegenseitige Vertrauen gefährde. Er fragte: »Gegen wen ist diese Erweiterung gerichtet? Und was ist aus den Versicherungen geworden, die unsere westlichen Partner nach der Auflösung des Warschauer Paktes gegeben haben? (...) Keiner kann sich daran mehr erinnern.«[45] Er zitierte in diesem Zusammenhang den damaligen NATO-Generalsekretär Manfred Wörner vom 17. Mai 1990 in Brüssel: »Die Tatsache, dass wir bereit sind, keine NATO-Truppen außerhalb des Staatsgebiets der BRD zu stationieren, gibt der Sowjetunion feste Sicherheitsgarantien.« Putin fragte, wo diese Garantien denn nun seien.[46]

Ihre Garantien haben die Mächtigen vergessen, aber ihre Worte, ihre Versprechen sind aufbewahrt. Laut Gabriele Krone-Schmalz ist deklassifizierten Akten des State Departments, das sind Akten, die geheim waren, aber nicht mehr sind, »zu entnehmen, dass der damalige Außenminister James Baker am 09. Februar 1990 bei seinem Gespräch mit Gorbatschow und Schewardnadse im Kreml eisenfeste Garantien versprochen hat, dass weder die Jurisdiktion noch die Streitkräfte der

NATO nach Osten verschoben werden, wenn Moskau mit der NATO-Mitgliedschaft des vereinigten Deutschlands einverstanden sei«.[47] Michail Gorbatschow soll bei diesem Gespräch erklärt haben, »jede Ausdehnung der NATO-Zone ist unakzeptabel«, worauf der US-Außenminister geantwortet habe: »Dem stimme ich zu.« Zu diesem Zeitpunkt war das Militärbündnis *Warschauer Vertrag*, das östliche Gegenstück zur NATO, noch existent, Truppen der Roten Armee waren noch in europäischen Staaten, darunter Polen und Deutschland, stationiert, und die Sowjetunion hat sich erst Ende 1991 aufgelöst. Das Kräfteverhältnis war noch ein deutlich anderes.

Das wandelte sich im Zeitraffer. 1991 war die NATO als einziges Militärbündnis in Europa übrig geblieben. Hierhin strebten nun eine Reihe der Staaten Mittel- und Osteuropas. »Die ehemaligen Verbündeten der UdSSR und vor allem die baltischen Ex-Sowjetrepubliken hatten eine geradezu panische Angst, dass sich die Entwicklung in Russland wieder umkehren könnte, und bettelten deshalb um Aufnahme in die NATO«, erinnert sich Harald Kujat, ehemaliger Vorsitzender des NATO-Militärausschusses und Ex-Generalinspekteur der Bundeswehr.[48] Die Idee dazu kam übrigens aus Deutschland. Doch Volker Rühe (CDU), zu jener Zeit Verteidigungsminister, stieß bei seinen Amtskollegen auf wenig Begeisterung für eine Aufnahme Polens und anderer mittel- und osteuropäischer Staaten in die NATO. Zu diesem Zeitpunkt hatten die USA noch kein Interesse an einer Erweiterung des Militärbündnisses. Der damalige Chef des Pentagon, Les Aspin, hielt es für ausreichend, diesen Staaten zusätzlich zu ihrer Mitgliedschaft im Ende 1991 gegründeten NATO-Kooperationsrat eine *Partnerschaft für den Frieden* (*Partnership for Peace*, PfP) anzubieten.

Erst nachdem der bisherige US-Botschafter in Deutschland, Richard Holbrooke, Unterstaatssekretär für Europaangelegenheiten im State Department wurde, vollzogen die USA eine Kehrtwende, und im Herbst verkündeten die NATO-Gremien, sie seien offen für neue Partner. Möglich, dass die Administration der Demokraten das schon auf der To-do-Liste hatte, als Bill Clinton 1992 Präsident der Vereinigten Staaten geworden war. Richard Holbrooke wurde Clintons Mann fürs Grobe. Am 10. Januar 1994 wurde mit interessierten mittel- und osteuropäischen Staaten des NATO-Kooperationsrats eine Zusammenarbeit in militärischen und sicherheitspolitischen Fragen vereinbart und ihnen somit eine Beitrittsperspektive eröffnet. Zugleich wurde von Anbeginn klargestellt, dass die Offerte auf keinen Fall für Russland gelte. Aus dessen Sicht basierte »der Erweiterungsprozess auf unehrlichen Prämissen«, so Michael Mandelbaum, Professor für amerikanische Außenpolitik an der Johns Hopkins University School of Advanced International Studies. Amerikanische Politiker stellten die NATO-Mitgliedschaft als »Demokratieförderung dar, als Mittel, die Ex-Sowjetstaaten zu Reformen zu zwingen«. Doch warum, fragt Mandelbaum, »haben sie diese nicht sofort dem größten aller ehemaligen kommunistischen Staaten, nämlich

Russland, angeboten? Moskau bekam hingegen zu verstehen, es würde nie Beitrittsfähigkeit erreichen.«[49] Stattdessen wurde Polen, Ungarn und Tschechien offiziell der NATO-Beitritt angeboten und 1999 vollzogen, zwölf Tage, bevor der erste NATO-Krieg mit Luftangriffen auf Belgrad begann. Mit der Ukraine wurde eine NATO-*Ukraine-Charta* zur *besonderen Partnerschaft* vereinbart. Die Ost-Erweiterung der NATO entsetzte den russischen Präsidenten Jelzin, sie sei »die ernsthafteste Auseinandersetzung zwischen den USA und Russland seit der kubanischen Raketenkrise von 1962«.[50] Aber in der NATO löste das keine Angstschauer aus. Russland war in hohem Maß von Krediten aus dem Westen abhängig, und der Präsident stand unter starkem innenpolitischen Druck von Kommunisten, auch den National-Populisten Schirinowskis. Sie forderten eine Abkehr vom Schmusekurs mit dem Westen, der wieder Krieg auf den Kontinent zurückgebracht habe und Russland demütige, wo es nur ginge.

Zu den »neuen Ideen« der NATO zählte ihre schon 1992 vereinbarte Bereitschaft zu Einsätzen *out of area*, außerhalb des Bündnisgebiets – wenn, ja wenn sie dazu vom UN-Sicherheitsrat oder der OSZE bevollmächtigt werde. Beides war nicht gegeben, als die NATO während des Kosovo-Krieges Luftangriffe gegen Serbien flog; die Bundeswehr war mit Kampfjets dabei. Der erste deutsche Kriegseinsatz nach dem Zweiten Weltkrieg richtete sich ausgerechnet gegen einen Verbündeten Russlands. Der russische Außenminister Primakow hatte bis zur letzten Minute versucht, diesen Krieg zu

verhindern. Auf dem Flug in die USA wurde ihm mitgeteilt, dass die Aggression begonnen habe. Er kehrte tief
verärgert um.

Als am 24. März 1999 die ersten Bomben auf Belgrad
fielen, erklärte Verteidigungsminister Rudolf Scharping:
»Wir führen keinen Krieg, aber wir sind aufgerufen, eine
friedliche Lösung im Kosovo mit militärischen Mitteln
durchzusetzen.«[51] Ein Satz wie ein Zukunftsprogramm:
Frieden schaffen mit immer mehr Waffen.

Die NATO bombardierte 78 Tage und Nächte Städte
und Dörfer in Jugoslawien. Ihre Luftarmada tötete und
verstümmelte Tausende Männer, Frauen und Kinder.
Die Bomben trafen auch den Kern des Völkerrechts,
den verbotenen Angriffskrieg wandelten sie verbal um
in eine *humanitäre Intervention*. Ebenso verstieß die
rot-grüne Bundesregierung gegen das Grundgesetz
und gegen den Zwei-plus-Vier-Vertrag zur deutschen
Einheit.[52] Als Quasi-Friedensvertrag verpflichtet er in
seiner Präambel die Vertragspartner »in Übereinstimmung mit ihren Verpflichtungen aus der Charta der
Vereinten Nationen freundschaftliche, auf der Achtung vor dem Grundsatz der Gleichberechtigung und
Selbstbestimmung der Völker beruhende Beziehungen
zwischen den Nationen zu entwickeln und andere geeignete Maßnahmen zur Festigung des Weltfriedens zu
treffen«.

Bis zum Kosovo-Krieg hatte sich die deutsche Außenpolitik nach 1945 Ost wie West durch militärische
Zurückhaltung ausgezeichnet. Das war neu in der
deutschen Geschichte. Mit dem Kosovo-Krieg wurde

die Außenpolitik des vereinten Deutschlands wieder zur alten, wenn auch in anderem Gewand. Nicht mehr allein wollte Deutschland agieren und nicht notwendig über allen stehen. Vielmehr galt es jetzt, die eigenen Interessen mittels internationaler Organisationen und Staatenbünde durchzusetzen. Das potenziert Macht und Schlagkraft. Und dafür sind neue Begriffe nötig. So wurde *Verantwortung* zum Code-Wort für eine militarisierte deutsche Außenpolitik. Bundeskanzler Schröder 1999 vor dem Bundestag: »Wir können uns unserer Verantwortung nicht entziehen. Das ist der Grund, warum deutsche Soldaten zum ersten Mal seit dem Zweiten Weltkrieg in einem Kampfeinsatz stehen.«[53] Der damalige Bundespräsident Gauck sprach 2015 auf der Münchner Sicherheitskonferenz vom Weg der Deutschen »zu einer Form von Verantwortung, die wir noch wenig eingeübt haben«[54]. Und als die Universitäten von Gent und Löwen die Kanzlerin zu ihrer Ehrendoktorin machten, nutzte Angela Merkel die Gelegenheit, an die Europäer zu appellieren, »in Zukunft mehr Verantwortung in der Welt zu übernehmen«[55].

Als die Vereinigten Staaten von Amerika mit ihrer *Koalition der Willigen* 2003 ohne UN-Mandat den Irak überfielen, waren drei Länder nicht dabei: Russland, Frankreich und Deutschland. Zu Beginn des Konflikts war Russland noch unentschieden zwischen der angelsächsischen Position pro und der deutsch-französischen contra Waffeneinsatz. Russland hatte im Irak wirtschaftliche Interessen. Putin befürchtete aber »eine schwerwiegende Schädigung der UN und der internationalen Ordnung« und argwöhnte, dass die US-Administration einen Paradigmenwechsel in ihrer Außenpolitik vollziehe. Hinzu kommt, dass die US-Administration just in dieser Zeit in ihrem Strategiepapier *Nuclear Posture Review* Russland »als Ziel für nukleare Erstschlagwaffen«[56] bezeichnete. Russland schloss sich der deutsch-französischen Achse an. Die drei Staatsoberhäupter Jacques Chirac, Gerhard Schröder und Wladimir Putin veröffentlichten nach ihrem Gipfeltreffen am 11. April jenes Jahres in St. Petersburg eine gemeinsame Erklärung, in der sie auf der »Einhaltung unstrittiger gemeinsamer Normen« des Völkerrechts insistierten. Das wurde von der *New York Times* wahrgenommen als: »Das lauteste ›Nein‹, das im Verlauf des vergangenen halben Jahrhunderts – oder länger – über den Atlantik gerufen wurde.«[57] Die Bundesregierung bekam ob ihrer Courage rasch weiche Knie, sie entsandte Bundeswehrsoldaten zu AWACS-Aufklärungsflügen an der türkisch-irakischen Grenze, räumte den US-Bombern Überflugrechte ein, und sie gestattete die Nutzung von US-Stützpunkten in Deutschland als Koordinierungs- und Logistik-Zentren für den Angriffskrieg.

Zu Beginn seiner Präsidentschaft machte Wladimir Putin keinen Hehl aus seiner europa- und besonders deutschlandfreundlichen Einstellung. Programmatisch sprach er in seiner legendären Rede im Bundestag von seinem Vertrauen in die gemeinsame Gestaltung Europas: »Heute sind wir verpflichtet, zu sagen, dass wir uns von unseren Stereotypen und Ambitionen trennen sollten, um die Sicherheit der Bevölkerung Europas und

die der ganzen Welt zusammen zu gewährleisten.«[58]
Die Abgeordneten des Bundestages jubelten dem Redner mit stehenden Ovationen zu. Fünfzehn Jahre später konstatiert der ehemalige brandenburgische Ministerpräsident und jetzige Vorsitzende des Deutsch-Russischen Forums, Matthias Platzeck, enttäuscht: »Wir haben den russischen Präsidenten angehört, aber ihm nicht zugehört.«[59]

Zunächst glaubte man bei der NATO, Putin ebenso im Griff zu haben wie vor ihm Jelzin. Diese Phase bezeichnet James Petras, emeritierter Professor an der Binghamton Universität, New York, als »Ära der unipolaren, US-zentrierten Welt«, einer »Neuen Weltordnung«, in der Washington nationalistische Gegner und Alliierte Russlands straflos beeinflussen und lenken konnte. »Die Goldene Ära unangefochtener Weltherrschaft wurde der westliche ›Standard‹ für die Beurteilung Russlands nach Jelzin. Jede innen- und außenpolitische Maßnahme, die von Putin in den Jahren 2000–2014 ergriffen wurde, beurteilte Washington danach, ob sie mit der Jelzin-Dekade hemmungsloser Plünderung und Manipulation übereinstimmte oder davon abwich«.[60] Als sie sich davon zu unterscheiden begann, verschärfte die US-Administration ihre Gangart gegenüber Russland. Zum potentiellen Ziel von US-Atomraketen zu werden war das eine, den Südkaukasus und Zentralasien zum Interessengebiet des Westens zu erklären das nächste. Das tat der Ständige Vertreter der USA bei der NATO, Nicholas Burns, ausgerechnet am Tag des Sieges im Großen Vaterländischen Krieg, am 9. Mai 2002.[61]

Wenn Washington eine Region zum Interessengebiet erklärt, kann es dort ganz schnell brenzlig werden.

Das war ein Schlag für den russischen Präsidenten, der gerade begonnen hatte, das Chaos im eigenen Land zu beenden und die Rolle Russlands in der Welt neu zu bestimmen. Er strebte eine Annäherung Russlands an die EU und die NATO »auf Augenhöhe« an. Das konnten sich Deutschland, Frankreich, Italien und Spanien eher vorstellen als die USA und die neuen NATO-Mitglieder aus dem Osten Europas. Aber immerhin wurde am 28. Mai 2002 der NATO-Russland-Rat gebildet – ob zur Offenheit in der Verteidigungs- und Sicherheitspolitik oder als Katzentisch ist nicht ganz klar. Fakt ist, dass der Rat sich just immer dann als wirkungslos erweist, wenn eigentlich der steinige, aber friedliche Weg von Verhandlungen am dringendsten gebraucht würde. Die NATO hat eine Tagung des Gremiums sowohl über die Konflikte in Georgien 2008 als auch in der Ukraine 2014 mit dem Hinweis abgelehnt, dass es dort eine Krise gäbe. Aber genau die hätte doch Gegenstand der Debatte im NATO-Russland-Rat sein müssen! Jedenfalls dauerte es nach der Gründung des NATO-Russland-Rats nur fünf Monate, bis der nächste einseitige Schritt folgte und die NATO Estland, Lettland, Litauen, die Slowakei, Slowenien, Bulgarien und Rumänien zu Aufnahmegesprächen einlud. Ihr Beitritt erfolgte im März 2004, der Albaniens und Kroatiens im April 2009.

Mit Georgien und der Ukraine klappte es damals – noch – nicht. Von dem Angriff Georgiens auf die russischen Friedenstruppen, die mit einem UN-vermittelten

GUS-Mandat an der Grenze von Südossetien den Status quo sicherten, musste sich die NATO distanzieren; seitdem liegt Georgiens NATO-Mitgliedschaft auf Eis. Es hakt auch bei der Aufnahme der Ukraine. 1997 reichte es nur zu einer NATO-*Ukraine-Charta*. Den Beteiligten war klar, dass Russland nicht auf die Stützpunkte seiner Schwarzmeerflotte auf der Krim verzichten würde. Auch in der Bevölkerung war ein Beitritt zum westlichen Militärbündnis nicht populär. Umfragen ergaben 70 Prozent Gegner. Der Versuch von Präsident Juschtschenko, mit der NATO einen Aktionsplan abzuschließen, der zur Mitgliedschaft der Ukraine führen sollte, provozierte Protestdemonstrationen daheim. Im April 2008 lehnte der NATO-Gipfel den Antrag der Ukraine auf Mitgliedschaft wegen fehlender innenpolitischer Voraussetzungen ab, obwohl die USA ihn unterstützten. Doch das wird nicht das letzte Wort gewesen sein. Ungeachtet aller russischen Warnungen, ist derzeit Montenegro zur NATO-Mitgliedschaft eingeladen. Auf der Warteliste stehen Mazedonien, Bosnien-Herzegowina und immer wieder Georgien.»Es gibt keinerlei Veranlassung zu denken, dass die NATO- Erweiterung begraben wäre«, meint Professor Bogaturow, Dekan des Moskauer Instituts für Internationale Beziehungen und Kenner der US-Politik. »Für die USA ist die NATO-Erweiterung ein Umbau, eine Transformation der Plattform für ihre militärische Anwesenheit in Zentraleurasien.« Ganz im Sinn ihrer traditionellen Geopolitik suchten sie Positionsgewinne, die sie dann rechtlich und politisch mit der NATO-Erweiterung absicherten.[62]

Vorposten im geopolitischen Gerangel errichtet auch die Europäische Union. »Die offensive, um nicht zu sagen aggressive Osterweiterungspolitik der EU weit in den postsowjetischen Wirtschaftsraum«[63] hinein mündet 2008 in der *Östlichen Partnerschaft* mit Armenien, Aserbaidschan, Georgien, Moldawien, Ukraine und Weißrussland und für drei von ihnen, die Ukraine, Moldawien und Georgien, in einem Assoziierungsabkommen mit der EU. Dieser Prozess setzte die betroffenen Länder »einer zunehmenden wirtschaftlichen, aber auch politischen Zerreißprobe aus«. Für die Ukraine wurde daraus Krieg. Die Osterweiterung der EU unter Ausschluss Russlands war und ist »der eigentliche Kernpunkt des Ukraine-Konflikts als Kern eines neuen Ost-West-Konflikts«[64].

Dahin hätte es nicht kommen müssen. Von der Auflösung des Warschauer Vertrags an gab es immer wieder Etappen, an denen diese Entwicklung hätte gestoppt und umgekehrt werden können. Eine der großen verpassten Chancen einer friedlichen und gutnachbarschaftlichen Entwicklung betrifft die Begrenzung der strategischen und Atomwaffen und später auch das ursprünglich gemeinsam gedachte Projekt der ballistischen Raketenabwehr. Im Jahr 1972 hatten sich die USA und die Sowjetunion auf zwei Verträge geeinigt, die zusammengehören. Der ABM-Vertrag (»Anti-Ballistic Missiles«) verbot den Aufbau eines flächendeckenden Raketenabwehrsystems, und der SALT-Vertrag (»Strategic Arms Limitation Talks«) begrenzte die Zahl der Interkontinentalraketen. Das war damals ein ganz außerordentliches Ereignis. Zum ersten Mal hatten sich die beiden Supermächte auf Schritte in Richtung Abrüstung – besser: Begrenzung der Aufrüstung – geeinigt. SALT I lief 1977 aus, und den Nachfolgevertrag SALT II hatte der US-Senat nie ratifiziert; beide Seiten aber hielten die Zusage ein, sich an die getroffenen Vereinbarungen zu halten. Den ABM-Vertrag zur Raketenabwehr kündigte George W. Bush im Juni 2002. Nach 9/11 wollte er ein eigenes Raketenabfangsystem aufbauen. Die Pläne wurden mehrfach geändert, sie bezogen Stützpunkte zunächst in Polen und Tschechien ein. Das interpretierte der neue russische Präsident Dmitri Medwedew als Aufrüstung gegen Russland und kündigte im Gegenzug den START-2-Vertrag zur Reduzierung von Interkontinentalraketen.

Das Jahr 2008 hätte eine Wende in den Beziehungen Washington-Moskau einleiten können. In Russland hatte der junge Präsident Dmitri Medwedew sein Amt angetreten, in den USA war der Hoffnungsträger Barack Obama gewählt worden. Medwedew verfolgte das Projekt einer gesamteuropäischen Sicherheitspartnerschaft, Obama stoppte das umstrittene und teure Raketen-Abfangprogramm seines Vorgängers und machte den europäischen und anderen Bündnispartnern ein neues Angebot. Sie alle sollten in ein Netz von Raketenabwehrsystemen einbezogen werden. Washington lud Moskau ein, dabei mitzumachen, und so wurde es zwei Jahre später auf dem NATO-Gipfel in Lissabon vereinbart.[65] *Zeit Online* titelte euphorisch: »Zwanzig Jahre nach dem Ende des Kalten Krieges wollen die NATO und ihr einstiger Gegner Russland erstmals zusammenarbeiten und gemeinsam einen Raketenschirm aufbauen.«[66] Bundeskanzlerin Angela Merkel formulierte vorsichtiger: »Ich glaube, dass die Zusammenarbeit mit Russland ein Meilenstein sein wird. (…) Aus einem ehemaligen militärischen Gegner wird jetzt erkennbar ein Partner.« Zugleich warnte sie vor zu hohen Erwartungen. Es läge noch ein langer Weg vor der NATO, um gemeinsam mit Russland mehr Sicherheit zu schaffen. NATO-Generalsekretär Anders Fogh Rasmussen sah in der Vereinbarung einen beispiellosen Schritt: »Erstmals in der Geschichte arbeiten die NATO-Staaten und Russland bei ihrer Verteidigung zusammen.«[67] Und US-Präsident Barack Obama sagte: »Zum ersten Mal haben wir uns auf die Entwicklung einer Raketenverteidigung geeinigt, die stark genug ist, das gesamte europäische NATO-Gebiet und seine Bevölkerung zu schützen.«[68] Auch Präsident Medwedew nannte das Treffen ein »historisches Ereignis«. Russland sei zur Zusammenarbeit bei der Raketenabwehr bereit, wenn sie gleichberechtigt sei und das militärische Gleichgewicht in Europa nicht verschiebe. »Wir müssen erst einmal sehen, was wir davon haben.« Russland bestehe auf einer »absolut gleichen Teilhabe«[69]. Russlands Außenminister Sergej Lawrow gab zu bedenken, ein derartiges System dürfe nicht gegen Drittländer gerichtet sein, auch er unterstrich die Voraussetzung einer »gleichberechtigten Zusammenarbeit«[70].

Doch daran war und ist die NATO offensichtlich nicht interessiert. Russland legte sehr rasch einen

Vertragsentwurf zur Raketenabwehr vor, der einen Stationierungsverzicht dort vorsah, wo Moskau seine Sicherheitsinteressen geltend machte. Diese Garantie wollten die USA nicht geben. Die Verhandlungen schleppten sich hin, währenddessen schuf die NATO Fakten. Auf ihrem Gipfeltreffen in Chicago Ende Mai 2012 verkündete NATO-Generalsekretär Rasmussen die Teilfunktionsfähigkeit des Raketenabwehrsystems von Schiffen, U-Booten, Radaranlagen und Satelliten aus. Deutschland ist mittendrin dabei: Die Kommandozentrale befindet sich in Ramstein.[71] Kurz nach dem Gipfel hatte Russland erfolgreich eine neue Interkontinentalrakete getestet, die nach Putins Worten »jedes noch so technisch entwickelte Raketenabwehrsystem« überwinden kann; 40 Stück davon sollen aufgestellt werden.[72] Auf der anderen Seite des beschönigend »Schutzschild« genannten Systems – das klingt ein bisschen nach Schutzwall – wurde im Mai 2016 auf der Militärbasis Deveselu in Rumänien die erste Abschussrampe in Betrieb genommen. Die zweite wird in Polen gebaut, nahe der russischen Exklave Königsberg. Die NATO-Strategen behaupten, dieses Schild soll gegen Raketenangriffe aus dem Iran schützen. Nun ist der Iran derzeit kein »Schurkenstaat« mehr. Russland hat höchste Bedenken, dass die NATO ganz andere Absichten verfolgt. Moskau zweifelt an der NATO-Beteuerung, die SM-3-Raketen der USA, die in Deveselu und Redzikowo stationiert werden sollen, könnten russische Interkontinentalraketen im Ernstfall gar nicht abfangen. Einsicht in die Konstruktionsunterlagen der neuesten

Generation dieser Abfangraketen lassen die USA nicht zu. Russland hat den begründeten Verdacht, dass die zugehörigen Abschussrampen recht schnell für den Abschuss von landgestützten Cruise-Missiles in Richtung Russland umfunktioniert werden können, was die Website der Herstellerfirma selbst zugibt. Dies wäre eine offene Verletzung des INF-Abkommens (»Intermediate Nuclear Forces«) zu Mittelstreckenraketen durch die USA, die ihrerseits Russland lautstark beschuldigen, den Vertrag zu unterlaufen.

Im neuen *Weißbuch* des Verteidigungsministeriums wird folglich Russland nicht mehr als Partner, sondern als potentieller Gegner Deutschlands bezeichnet. Das ist ein weiterer Verstoß gegen den Zwei-plus-Vier-Vertrag, in dem die unterzeichnenden Staaten DDR und BRD plus Frankreich, Großbritannien, USA und Sowjetunion ihre Bereitschaft bekräftigt hatten, »sich gegenseitig nicht als Gegner zu betrachten«. Was die USA betrifft, so ließ Barack Obama auf einer seiner letzten Pressekonferenzen als US-Präsident jeglichen Respekt und Anstand vermissen, als er sagte: »Russland ist ein kleineres Land, es ist ein schwächeres Land. Die Wirtschaft produziert nichts, was irgendjemand kaufen möchte.«[73] In einer – gedachten – monopolaren Welt ist für Russland kein Platz.

In der Rückschau sehen selbst einflussreiche NATO-Freunde und NATO-Befürworter diese Entwicklung kritisch. So Walther Stützle, er war Direktor des Internationalen Friedensforschungsinstituts SIPRI und Staatssekretär im Bundesverteidigungsministerium:

»Die in und für Europa verantwortlichen Staaten, auch die Bundesrepublik, haben die Friedensfrage viel zu lange nicht ernst genommen. Macht- und Herrschaftshunger hat die Allianz blind gemacht für die Gefahren der maßlosen Ausdehnung nach Osten; die Chance zur eigenverantwortlichen Sicherheitsordnung wurde nicht genutzt, die Konstruktionsangebote wie auch die Warnungen Russlands wurden dümmlich ignoriert ... Heute ist die Gefahr, dass Europa erneut an der Friedensfrage scheitert größer als die Aussicht, die Früchte der aufgehobenen Teilung Europas dauerhaft sichern zu können.«[74] Für den Chef der Münchner Sicherheitskonferenz, Wolfgang Ischinger, ein resoluter NATO-Verfechter, ist die Gefahr, dass aus »Eskalationsschritten militärische Kampfhandlungen« werden, größer als in der Spätphase des Kalten Krieges, letztlich »größer denn je«. Der Russlandbeauftragte der Bundesregierung, der Sozialdemokrat Gernot Erler, hat mehrfach vor einer Eskalation des Streites zwischen NATO und Russland »bis hin zum Krieg« gewarnt.[75]
Eine Mehrheit der Bürgerinnen und Bürger Deutschlands lehnt die gegen Russland gerichtete Politik der NATO ab. 64 Prozent der Befragten unterstützen eine Äußerung des damaligen Außenministers Frank-Walter Steinmeier, als er das »Säbelrasseln« der NATO gegen Russland kritisierte. Nur neun Prozent der vom Meinungsforschungsinstitut *YouGov* Befragten bejahten die Stationierung deutscher Soldaten im Baltikum.[76]
In Deutschland ist die Zustimmung zur NATO Staatsräson. Joseph (Joschka) Fischer, Gerhard Schröder,

auch Angela Merkel sind vor ihrem Amtsantritt in Washington vorstellig geworden mit der Zusicherung, fest zur NATO und zum transatlantischen Bündnis zu stehen. Die NATO ist das bedingungslose, strikte deutsche Tabu. Wer es in Frage stellt, dem verweigert die politische Klasse das Attribut regierungstauglich. Aus Anlass des NATO-Gipfels 2016 in Warschau hatte die Fraktion der LINKEN einen Antrag in den Bundestag eingebracht, »Die NATO durch ein kollektives System für Frieden und Sicherheit in Europa unter Einschluss Russlands ersetzen« zu lassen[77]. Es war das erste Mal, dass nach dem NATO-Beitritt der Bundesrepublik 1955 die Mitgliedschaft Deutschlands in der NATO Gegenstand einer Bundestagsdebatte war. Die Begründung des Antrags durch Wolfgang Gehrcke war für Henning Otte, CDU, ein Angriff auf die Fundamente unserer Republik.[78] Ein Satz als Zeugnis, wie weit die bundesdeutsche Politik aus dem Lot geraten ist. Nicht das Grundgesetz soll das Fundament der Republik sein – sondern die NATO?

Ursprünglich als Verteidigungsbündnis gegen den Warschauer Vertrag konzipiert, ist aus dem Krieg gegen Jugoslawien und den strategischen Konzepten von 1999 und 2010 eine NATO neuen Typs hervorgegangen: die NATO als Kriegsbündnis. Sie definiert den Schutz von »globalen Lebensadern der modernen Gesellschaften« als ihre Aufgabe, und als Bedrohung benennt sie Risiken aller Art, darunter Engpässe im internationalen Nahrungsangebot, Knappheit an Energien und anderen Ressourcen, Armut, Verelendung und Migrationsströme aus dem Süden. Die NATO sieht neue Risiken erwachsen aus ernsten wirtschaftlichen, sozialen und politischen Schwierigkeiten, dem internationalen Terrorismus, Proliferation von Massenvernichtungswaffen, Angriffen aufs Internet, Unterbrechung von Handels- und Energietransitrouten. All diese Risiken sind ziviler Art. Indem die NATO sie in ihren Zuständigkeitsbereich hinüberzieht, verschafft sie sich die zweifelhafte Legitimation zum militärischen Eingreifen zur Abwehr der so präzisierten Risiken und Gefahren – mit oder ohne UNO-Mandat. Die NATO mandatiert sich fortdauernd selbst zu Militäreinsätzen – und über den Wendekreis des Krebses hinaus *out of area*.

Russland hat seine Militärdoktrin zuletzt 2015 geändert. Bedroht sieht sich darin das Land – wieder – von der NATO und damit mittelbar auch von Deutschland. Der Wille zum atomaren Erstschlag prägt allein das strategische Konzept der NATO nicht erst seit heute. Angesichts einer drei- bis achtfachen konventionellen Überlegenheit der NATO, je nach Waffensystem, erwägt Moskau nunmehr auch den Ersteinsatz von Nuklearwaffen, jedoch nur für den Fall der »Gefährdung des russischen Staates durch eine äußere Aggression«[79]. Das ist der Hintergrund der scharfen Kontroverse um das US-Raketenabwehrsystem in Europa. Tatsächlich zielt es nicht auf Abwehr, sondern auf Angriff. Sollte Russland auf einen Erstschlag oder einen massiven militärischen Angriff auf sein Territorium mit einem Zweitschlag antworten, könnten seine Raketen am »Schutzschild« abprallen. Wer den Zweitschlag abwehren kann, wird bereit für den Erstschlag. So erscheint der Atomkrieg führbar und gewinnbar. USA und NATO sind auf dem beunruhigenden Weg dieser Täuschung und Selbsttäuschung. Sie spielen mit dem Erdball.

Russland bildet mit den fünf ehemaligen Sowjetre-publiken, Armenien, Belarus, Kasachstan, Kirgistan und Tadschikistan, die Organisation des Vertrags über Kollektive Sicherheit (OVKS). Im Verteidigungsfall ha-ben sie sich, wie die NATO-Staaten, zu militärischem Beistand verpflichtet. Demographisch und ökonomisch unterscheiden sich die beiden Blöcke eklatant. In den NATO-Staaten leben 915,5 Millionen Menschen, in den OVKS-Staaten 187,8 Millionen. Diese brachten es 2014 auf ein Bruttonationalprodukt von 2.198,9 Milliarden Dollar, in den NATO-Staaten summierte es sich auf 37.344,5 Milliarden Dollar.[80] Das östliche Bündnis verfügt somit über lediglich 5,9 Prozent der NATO-Wirtschaftskraft.

Russlands Außenpolitik und Militärstrategie ist defensiv. Das heißt nicht, dass Russland eine pazifistische Politik machte. Seine Regierung setzt auch Waffen ein, siehe Syrien oder Tschetschenien. Doch strukturell sind die US-amerikanische und die Außenpolitik der NATO ag-gressiv und die Russlands reaktiv. Dafür drei Beispiele: Militärausgaben, Militärbasen im Ausland, Säbelrasseln in Europa.

Stichwort Militärausgaben: Laut SIPRI, dem schwedi-schen Friedensforschungsinstitut, gaben die NATO-Staaten 2015 knapp 900 Milliarden US-Dollar jährlich für die Rüstung aus, mehr als die Hälfte der weltweit für die Rüstung verpulverten 1.676 Milliarden Dollar.[81] Es sollen deutlich noch mehr werden: zwei Prozent des Bruttoinlandsprodukts jährlich. Das hat die NATO bereits auf ihrem Gipfel im walisischen Newport beschlossen, und das fordert die neue US-Administration von Präsident Trump. »Für 2017 liegt die deutsche Militär-Quote bei 1,22 Prozent des BIP. Wollte die Bundesregierung die Zwei-Prozent-Quote erfüllen, müsste sie das Verteidigungsbudget 2017 auf gut 62 Milliarden Euro aufstocken, also 25 Milliarden Euro mehr als jetzt einstellen. Der Rüstungsetat hätte dann in etwa die Größenordnung des russischen.«[82]

Die NATO müsse »nachrüsten«, heißt es offiziell. Das ist dummes Zeug. Den 890 Milliarden NATO-Ausgaben, davon allein 608 Milliarden Dollar des Pentagon, standen 66 Milliarden für das russische Militär gegenüber. Die USA gaben 2015 fast zehnmal so viel für ihr Militär aus wie Russland. Die Zahlen stammen von 2015. Im Jahr 2016 wurden die russischen Rüstungsausgaben bereits leicht gekürzt, und 2017 sollen sie real um etwa 20 Prozent sinken.[83] Russland würde dann nicht mehr zu den fünf Ländern mit den größten Rüstungsausgaben weltweit gehören. Das sind die Fakten zum russischen Interesse an einer Politik der Entspannung.

Militärausgaben, Bevölkerung, BIP im Vergleich (2015)

	Militärausgaben in Mrd. US-Dollar	Bevölkerung in Mio.	Militärausgaben pro Kopf in US-Dollar	BIP in Mrd. Dollar	Militärausgaben Anteil am BIP in Prozent
NATO-Staaten in Europa	263,439	566	463	17.990	1,46
USA	608,377	321	1.876	16.849	3,61
Russland	66,414	143	465	1.326	4,41

Nach *SIPRI Yearbook 2016* und *nato.int.*

Stichwort Militärbasen: Die USA haben annähernd 1.000 Militärbasen mit etwa 250.000 Militärs in fast 100 Ländern. Der Spielraum dieser Angaben ergibt sich daraus, dass die Vereinigten Staaten um die 750 aktiv genutzte und mehrere Hundert sozusagen ruhende Militärbasen haben, auf die sie aber jederzeit zurückgreifen können.[84] Auffällig ist die Konzentration der US-Stützpunkte. Sie reihen sich um den eurasischen Kontinent herum. Russland hat zwei Stützpunkte außerhalb des Territoriums der ehemaligen Sowjetunion, und die liegen in Syrien: Tartus und Latakia. Im Gespräch ist die russische Regierung mit Kuba, Vietnam, den Seychellen und Ägypten über die Einrichtung von Versorgungsstützpunkten für die russische Marine. Mit Südafrika besteht ein Vertrag zu einem russischen Servicezentrum für militärische und zivile Hubschrauber. Mit Frankreich verhandelt Russland über die Stationierung von zwei Aufklärungsflugzeugen auf dem französischen Stützpunkt in Dschibuti. 30 militärische Stützpunkte Russlands sind meist an bisherigen Stationierungsorten der Roten Armee in Armenien, Kasachstan, Kirgistan, Tadschikistan, Belarus, Aserbaidschan sowie Abchasien und Südossetien.[85]

Stichwort Säbelrasseln in Europa: In Russland sind 2016 diesseits des Urals – ein Territorium von der Größe Westeuropas – insgesamt etwa 350.000 Soldaten stationiert. Hiervon stehen drei Divisionen mit je 10.000 Mann und Panzereinheiten als Zentrum, also ungefähr 30.000 Soldaten, nahe der russischen Westgrenze.

Auf der anderen Seite im NATO-Bereich sind 120.000 Soldatinnen und Soldaten in der polnischen Armee, je 2.000 bis 5.000 in den Armeen der baltischen Staaten, hinzu kommt die Armee Rumäniens. Aus einer weitläufigen regionalen Überlegenheit russischer Truppen schlussfolgert die NATO die Gefahr eines russischen militärischen Angriffs, davor schüren nationalistische Politiker, insbesondere die in den baltischen Staaten, Angst.

»Warum um alles in der Welt sollte Russland das Baltikum angreifen«, fragt der US-amerikanische Politikwissenschaftler Doug Bandow, der Putin schrecklich findet, aber nicht dumm. Es gewänne eine »widerspenstige, mehrheitlich ethnisch nicht-russische Bevölkerung. Möglicherweise eine temporäre nationalistische Welle zu Hause. Einen Sieg über den Westen von eher kurzer Dauer.«[86] Doch die Kosten, so Bandow, wären weit höher. Sie bestünden im Exodus der Bevölkerung aus den baltischen Staaten, Abbruch der wirtschaftlichen und politischen Beziehungen zu den USA und der EU, Beginn des wirtschaftlichen Zusammenbruchs in Russland; nicht auszuschließen wäre ein konventioneller Krieg, in diesem Bereich ist Russland unterlegen, oder ein atomarer Konflikt, ob absichtlich oder aus Versehen. Doch die NATO fühlt sich bedroht und hat Fakten geschaffen: Von der Aktivierung der schnellen Eingreiftruppe von bis zu 40.000 Mann mit einer neuen Vorausabteilung, sie heißt passend »Speerspitze«, über die Bereitstellung von Kriegsgerät in Vorausstützpunkten in allen osteuropäischen Staaten bis zum *Baltic Air Policing*, der Stationierung von NATO-Jagdbombern kaum 300 Kilometer von St. Petersburg entfernt. Seit Anfang 2017 wird der militärische Aufmarsch neuerlich verstärkt. Im Rahmen der »Enhanced Forward Presence« (Verstärkte Vorwärts-Präsenz) wird die NATO vier Kampfbataillone in je einem baltischen Staat und Polen stationieren. Die Bundeswehr ist stolz, die militärische Führung über das NATO-Bataillon in Litauen übernommen zu haben. Hinzu kommt die zusätzliche Neustationierung von drei Kampfbrigaden der US-Armee in Osteuropa aufgrund bilateraler Übereinkommen mit osteuropäischen Staaten und Rumänien unter dem Operationsnamen »Atlantic Resolve«. Alle diese Maßnahmen verstoßen in ihrer Substanz, wenn auch nicht in Worten, gegen die NATO-Russland-Akte. In ihr wurde 1997 festgelegt, dass die NATO östlich der Oder-Neiße-Grenze keine »zusätzlichen substantiellen Kampftruppen dauerhaft stationiert«.[87] Die NATO verweist darauf, dass alle diese neuen Kontingente nicht dauerhaft stationiert seien, sondern rotieren. Jedoch sieht das »Rotationsprinzip«, bei dessen logistischer Gewährleistung die Bundeswehr eine zentrale Rolle spielt, so aus, dass die Truppen entweder untereinander rotieren oder im Falle ihres Abzugs sofort durch gleichstarke Kontingente aus dem Hinterland der NATO ersetzt werden. So wird die militärische Bedrohung aufrechterhalten.

In der *Zeit* vom 22. September 2016 betätigt sich Jochen Bittner, Europa- und NATO-Korrespondent des Blattes, als Aufklärer: »Verschwörungstheorie: Die Nato kreist Russland ein!« Solcherart Verschwörungstheoretiker gebe es »vom Kreml über das Willy-Brandt-Haus bis in die AfD-Büros«. Ihnen rechnet Bittner die Wahrheit vor: Ein Großteil von Russlands 37.500 Kilometern Außengrenzen sei Küste, ein kleiner Teil davon an der Beringstraße gegenüber von Alaska. Von dort gäbe es »weder auffällige Truppenbewegungen noch Spannungen«, blieben die Landgrenzen. Im Westen und Süden hätten sie eine Länge von 20.000 Kilometern, nur 707 davon seien Grenzen zu NATO-Staaten, nämlich Norwegen, Estland, und Lettland. Potz Blitz, rechnen kann er ja. Aber schlussfolgern? Für Bittner ist die These von der Einkreisung »ein klarer Anwärter auf die klassische Verschwörungstheorie«, denn sie sei nicht bloß falsch, sondern »behauptet gegen alle offenkundigen Tatsachen eine versteckte Agenda«. Er sieht zwar, dass die NATO sich »sichelförmig« von »Estland bis nach Albanien« in der »russischen Peripherie« ausdehnt, aber weniger, weil »die alten NATO-Staaten mit der Allianz nach Osten, als dass einige Staaten im Osten in die Nato strebten«. Wenn das so ist, dann ist das Ganze natürlich kein (Halb-)Kreis, sondern eine Scheibe.

Die USA haben in der Tat ein Interesse an der Einkreisung Russlands nicht nur an seiner europäischen Flanke, auch an seiner südlichen, die an den Nahen und Mittleren Osten grenzt, für den sich die USA ihre »Neuordnung« ausgedacht haben. Der Schlüsselbegriff dieses Konzepts der neoliberalen Modernisierer und Neokonservativen lautet »kreative Zerstörung«. Hemmendes soll kaputt gemacht, Hindernisse gesprengt werden, um den US-Einfluss vom Nahen Osten aus über Afghanistan, Pakistan, in den südlichen Gürtel Zentralasiens entlang der ehemaligen Sowjetrepubliken auszudehnen. Diese Region hatte Zbigniew Brzezinski, Vordenker US-amerikanischer Globalstrategie, als den »eurasischen Balkan«, als »Schalthebel einer Region« und »ökonomisches Filetstück« bezeichnet. »Der eurasische Balkan besteht aus dem Kaukasus (Georgien, der Republik Aserbaidschan und Armenien) und Zentralasien (Kasachstan, Usbekistan, Kirgistan, Turkmenistan, Afghanistan und Tadschikistan und in gewisser Weise auch aus dem Iran und der Türkei.«[88] Die USA wollen den Nahen und Mittleren Osten beherrschen, Russland im Süden an seiner empfindlichsten Flanke einkreisen und in den Fernen Osten nach China vorstoßen. Das ist ein globales Projekt, bei dem ein Eurasien unter Einschluss Westeuropas und Russlands erheblich störte. Für Europa und Russland hingegen böte ihr Eurasien große Chancen. Aus der Verzahnung von Russlands Ressourcenreichtum mit einer industriellen und gesellschaftlichen Modernisierung könnten auf lange Sicht blühende Landschaften in Eurasien wachsen; auch und gerade, weil Eurasien die nordeuropäische Beschränktheit überwindet und sich selbst nach Asien mit China und Indien öffnete. Zugleich würde dieser Raum ein ökonomisches, politisches und, wenn die Staaten hier nicht mehr gegeneinander rüsteten, militärisches Gewicht erhalten, das die Kräfteverhältnisse in der Welt zuungunsten der USA veränderten.

In diesem großen weltpolitischen Szenario nimmt die Ukraine eine Schlüsselposition ein. Für Brzezinski ist sie ein »geopolitischer Dreh- und Angelpunkt«, um Russland zu schwächen. »Ohne die Ukraine ist Russland kein eurasisches Land mehr.« Sollte Russland »die Herrschaft über die Ukraine« wiedergewinnen, »dann erlangte Russland automatisch die Mittel, ein mächtiges Europa und Asien umspannendes Reich zu werden«.[89] Als imperialistischer Stratege benutzt Brzezinski die Kategorien der Machtpolitik, wenn er von der »Herrschaft über die Ukraine« spricht. Emanzipatorisch gewendet, lautete der Gedanke: Sollte die Ukraine nicht Bollwerk gegen Russland, sondern eine

Brücke zwischen Westeuropa und Russland werden, dann könnte in gedeihlichem Miteinander auf der nördlichen Hemisphäre eine große Region entstehen, die sich gegen die Welt nicht abschottet, sondern mit den anderen Teilen Verbindung und Austausch sucht. In Brzezinskis Weltsicht aber soll das Europa der NATO und der EU durch »transatlantische Partnerschaft ... der Brückenkopf der USA« werden, »ein brauchbares Sprungbrett« nach Eurasien.[90] Europa ist in dieser Weltsicht kein Subjekt, Europa wird Instrument der USA als deren »Brückenkopf« und »Sprungbrett«. Was Thinktanks und vermeintliche oder tatsächliche Vordenker von sich geben, muss nicht eintreffen. Worte allein sind kein Beleg für tatsächlich verfolgte Strategien. Fakten schaffen andere. Brzezinskis großer Wurf für die Weltpolitik ist bemerkenswert, weil er die praktische Politik der USA antizipiert hat.

In ihrer Osterweiterungspolitik greifen die Europäische Union und die NATO ineinander. In der Regel ist der EU-Beitritt oder die Assoziierung der erste Schritt in Richtung NATO. Die EU ist nicht allein eine politische und wirtschaftliche Union. Bereits der Lissabon-Vertrag hatte die Mitgliedsstaaten zur Aufrüstung verpflichtet. Diese ihre militärische Komponente prägt die Union immer stärker aus bis hin zu den Plänen für eine Europäische Verteidigungsunion, die führende Politikerinnen, Politiker immer nachdrücklicher in die Öffentlichkeit bringen. So enthalten die Assoziierungsabkommen der EU mit Georgien, Moldawien und der Ukraine in ihrem politischen Teil umfangreiche Festlegungen zur militärischen Zusammenarbeit mit der Europäischen Union und indirekt mit der NATO.

Inwieweit diese drei Assoziierungsabkommen tatsächlich umgesetzt werden, ist nicht wirklich absehbar. Die Übereinkunft mit der Ukraine ist bereits ausgesetzt, seit eine Mehrheit in den Niederlanden es in der Volksabstimmung April 2016 abgelehnt hat. Der zum Jahresende 2016 neu gewählte Präsident Moldawiens, Igor Dodon, hat angekündigt, er wolle sich dafür einsetzen, dass das Parlament seines Landes das Assoziierungsabkommen mit der EU aufkündige. Er strebe eine »strategische Partnerschaft mit Russland« an.[91] Zum Militärischen versprach die EU zum Beispiel Hilfe bei der Reform des Sicherheitssektors der Länder, darunter die Ausbildung von paramilitärischen Polizeikräften, oder Hilfe beim Aufbau eines »rechtsstaatlichen« Justizsektors. Für die Ukraine lässt sich nach drei Jahren feststellen: Gerade in ihrem Innen- und Justizsektor ist die Dominanz ehemaliger Kämpfer des rechten Sektors und anderer Rechtsradikaler unübersehbar.

Seit dem Brexit-Referendum wird die Verzahnung von NATO und EU enorm vorangetrieben. Die Wahl Donald Trumps zum US-Präsidenten diente dabei als Beschleuniger. Die Bundesrepublik beansprucht hierbei als Tandem mit Frankreich eine Führungsrolle. Bereits am Tag nach dem britischen Referendum veröffentlichten die Außenminister beider Länder, Steinmeier und Ayrault, ein Positionspapier zur Zukunft der EU (»Ein starkes Europa in einer unsicheren Welt«), das einen deutlichen Schwerpunkt auf die Stärkung der sicherheits- und verteidigungspolitischen Kooperation legte. Wenig später forderten die beiden Verteidigungsminister, von der Leyen und Le Drian, mehr und umfangreichere Rüstungskooperation und mehr Gewicht für die Ständige Strukturierte Zusammenarbeit in Militärfragen der zur weiteren Aufrüstung willigen EU-Mitglieder. In Fragen der Aufrüstung und Rüstungsprojekte ist somit das Konsensgebot der EU ausgehebelt, die »Willigen« entscheiden, was die Union auf diesem Feld tut. Ihre Planungen haben EU und NATO in einem gemeinsamen 42-Punkte-Plan im Dezember 2016 vorgelegt.[92] Vom Jahr 2020 an wird aus EU-Haushaltsmitteln ein »Europäischer Verteidigungsfonds« von jährlich mindestens 500 Millionen Euro zur Finanzierung von Rüstungsforschung aufgelegt; die Mittel sollen einem gemeinsamen Rüstungssektor, unter anderem der Drohnen-Industrie, zugutekommen. Das widerspricht Artikel 41 Absatz 2 des EU-Vertrags, wonach Maßnahmen mit militärischen oder verteidigungspolitischen Bezügen nicht aus EU-Haushaltsmitteln finanziert werden dürfen. Es entspricht hingegen den Forderungen der deutschen und französischen Rüstungsindustrie.

In der EU wird ein eigener Generalstab gebildet, um sozusagen von Gleich zu Gleich mit der NATO zusammenzuarbeiten. In ihren Dokumenten sprechen EU und NATO inzwischen permanent von ihrer Komplementarität, meint: Sie ergänzen einander und gehören in diesem Sinn zusammen. So kooperieren EU und NATO im »Europäischen Zentrum zur Bewältigung hybrider Bedrohungen« zur Cyber- und Hybrid-Kriegsführung;

das ist eine expansive, keine defensive Strategie. Ausgebaut wird die Zusammenarbeit von EU-Stellen mit dem NATO-Zentrum für Strategische Kommunikation, gemeinsam führen sie »Trendanalysen von Fehlinformationen« durch, auch solche, »die sich in den sozialen Medien gegen EU und NATO richten«. Ziel ist, »die Qualität und die Reichweite positiver Darstellungen zu verbessern«. Die (Gegen-)Propagandastelle der NATO heißt NATO StratCom Centre of Excellence (Exzellenzzentrum für strategische Kommunikation der NATO), es hat seinerseits Grundsätze, Zielgruppen und Methoden in einem Papier zur strategischen Kommunikation festgehalten.[93] Die Strategische Kommunikation der NATO will »in allen relevanten Publikumsgruppen öffentliche Aufmerksamkeit, Verständnis und Unterstützung für spezifische Strategien, Operationen und andere NATO-Aktivitäten erzielen« und in der Öffentlichkeit die NATO verankern »als Teil eines breiteren und andauernden Bemühens um öffentliche Diplomatie«. Anders gesagt: NATO und EU wollen die Öffentlichkeit mit allen denkbaren Methoden dahingehend beeinflussen, dass die NATO toll und ein Instrument des Friedens sei. Was heute als Strategische Kommunikation daherkommt, nannte man früher psychologische Kriegsführung. In einer parallelen Initiative hat die Hohe Vertreterin der EU die Europäische Sicherheitsstrategie aus dem Jahr 2003 ersetzt durch einen Beschluss »Gemeinsame Vision, gemeinsame Aktion – ein stärkeres Europa«.[94] In aller Deutlichkeit erteilt Federica Mogherini darin im Vorwort dem Konzept der EU als Zivilmacht eine Absage. Jetzt soll die EU »strategische Autonomie« erreichen, das heißt, sie soll sich in die Lage versetzen, alle militärischen Fähigkeiten eigenständig anzuwenden.

Kapitel 3

Sanktionen: Schwarze Pädagogik als Politikersatz

Seit der Ukraine- und Krim-Krise wird Russland vom Westen mit Sanktionen bestraft. Sanktionen sind kollektive Repressionsmaßnahmen. Verboten werden können ganz oder teilweise Handel, Direktinvestitionen oder Finanztransaktionen, das Auslandsvermögen von Bürgern wie von Staaten kann beschlagnahmt werden. Auch Boykott kann eine Form von Sanktion sein, etwa der Boykott der Olympischen Spiele 1980 in Moskau auf Druck der USA durch 42 NOK; als Grund wurde der sowjetische Einmarsch in Afghanistan genannt. Sanktionen betreffen festgelegte Bereiche für einen definierten Zeitraum, um ein bestimmtes Ziel zu erreichen. Die Charta der Vereinten Nationen enthält die völkerrechtliche Grundlage für Sanktionen in seinem Kapitel VII. Das befasst sich mit »Maßnahmen bei der Bedrohung oder Bruch des Friedens und bei Angriffshandlungen«. Ist nach dem Urteil des Sicherheitsrats der Friede bedroht oder gebrochen, kann er, nicht die Vollversammlung, beschließen, welche Maßnahmen er ergreift. Waffengewalt ist in diesem Stadium noch ausgeschlossen. Maßnahmen nach Artikel 41 der Charta »können die vollständige oder teilweise Unterbrechung der Wirtschaftsbeziehungen, des Eisenbahn-, See- und Luftverkehrs, der Post-, Telegraphen- und Funkverbindungen sowie sonstiger Verkehrsmöglichkeiten und den Abbruch der diplomatischen Beziehungen einschließen«.[95] Auf diesen Artikel 41 folgt sogleich der Artikel 42 der Charta: Sollten sich die Sanktionen als unwirksam erweisen, so kann der Sicherheitsrat »mit Luft-, See- oder Landstreitkräften die zur Wahrung oder Wiederherstellung des Weltfriedens und der internationalen Sicherheit erforderlichen Maßnahmen durchführen. Sie können Demonstrationen, Blockaden und sonstige Einsätze der Luft-, See- oder Landstreitkräfte von Mitgliedern der Vereinten Nationen einschließen.«[96] Völkerrechtlich sind Sanktionen sozusagen das letzte nichtmilitärische Mittel, bevor See-, Land- oder Luftstreitkräfte in Aktion treten – können, dürfen oder müssen. Es muss schon eine brenzlige Situation entstanden sein, ehe Sanktionen eingesetzt werden – im Bewusstsein und der Verantwortung, dass, sollten sie nicht wirken, Waffen folgen werden.

Die aktuellen Sanktionen gegen Russland hat nicht der Sicherheitsrat verhängt, auch nicht Deutschland, diese Entscheidung haben die Staats- und Regierungschefs im Ministerrat der Europäischen Union getroffen – die Bundesregierung hat großen Druck gemacht –, und zwar einstimmig; dort gibt es keine Mehrheitsentscheidungen. Sie haben die Sanktionen zunächst mit der Lostrennung der Krim von der Ukraine begründet, dann fortlaufend mit »Handlungen Russlands, die die Lage in der Ukraine destabilisieren, insbesondere der rechtswidrigen Annexion der Krim«. Diese Begründung erfüllt die Kriterien der UNO-Charta nicht; danach müsste der Frieden in Europa bedroht oder durch Angriffshandlungen bereits gebrochen sein. Eigene Sanktionen gegen Russland haben die Nicht-EU-Länder Norwegen, Australien, Kanada und die USA verhängt.

Bereits vor dem Referendum auf der Krim erließ die Europäische Union die ersten drei Strafmaßnahmen gegen die Russische Föderation: Die Verhandlungen über das Grundlagenabkommen und über Visa-Erleichterungen wurden ausgesetzt, die Vorbereitungen für das geplante G8-Treffen in Sotschi eingestellt. Eingefroren wurden die ersten Vermögenswerte von 18 Personen aus der ehemaligen ukrainischen Regierung. Am 17. März 2014, nach dem Referendum, beschloss der Ministerrat, Russland mit einer Palette von Sanktionen zu bestrafen. Die werden seitdem regelmäßig ausgeweitet und verlängert. Sie betreffen Personen, Vermögenswerte, Firmen, öffentliche Einrichtungen, Institutionen, Organisationen und militärische/paramilitärische Gruppierungen oder auch Geschäfte auf der Krim. Schwer wiegen die Zugangsbeschränkungen zu den Kapitalmärkten für fünf mehrheitlich staatliche Banken, drei Energie- und drei Rüstungsunternehmen, damit ist deren und Russlands Kapitalbeschaffung schwieriger geworden; hart auch das Ausfuhrverbot für Schlüsseltechnologien für die Förderung von Öl und Erdgas sowie für Dual-Use-Güter, Güter mit doppeltem, zivilem und militärischem, Verwendungszweck.

Die Begründungen für die Sanktionen ändern sich.

Anfangs waren sie gerichtet gegen die Abspaltung der Krim. Dann stürzte am 17. Juli 2014 die malaysische Passagiermaschine MH17 über der Ukraine ab in einem Gebiet, das von ostukrainischen Rebellen kontrolliert wird. 298 Menschen verloren ihr Leben. Die Maschine wurde wohl aus einer russischen Rakete beschossen, aber von wem? Das ist bis heute ungeklärt. Für die Europäische Union und die Vereinigten Staaten von Amerika stand der Schuldige sofort fest: Russland. Nur fünf Tage nach dem Absturz erließen sie weitere Einreiseverbote und Kontensperrungen. Im März 2015 vereinbarte dann der Rat, die Geltungsdauer der Sanktionen an die vollständige Umsetzung der Minsker Vereinbarungen zu knüpfen. Die bislang letzte Verlängerung gilt bis zum 31. Juli 2017 und ist immer noch die Strafe für die mangelhafte Umsetzung des Minsker Abkommens und die »Annexion der Krim«. In der öffentlichen Debatte aber wurde sie durchaus mit anderen Ereignissen verknüpft, zu jener Zeit namentlich mit der Bestrafung Russlands für seine Bombardements zur Befreiung Aleppos aus der Hand des IS, oder, wie es sich im *Zeit*-Kommentar von Steffen Dobbert liest: »Sanktionen gegen Russland, jetzt! Besonders Russland ist für die Morde in Aleppo verantwortlich. Um weitere Kriegsverbrechen zu erschweren, muss Europa seine einzig wirksame Waffe gegen Putin einsetzen.«[97] Wie seinerzeit die Prügelstrafe in Schulen, haben sich, so scheint es, im Denken einiger Zeitgenossen Sanktionen gegen Russland als probate Strafe für alles und jedes verselbständigt.

Ein wichtiger Teil der Sanktionen betrifft Menschen. Zunächst 21 Personen, die in unterschiedlicher Art und Weise direkt oder indirekt an der Krim-Entscheidung mitgewirkt haben, zuletzt 146 Personen, für die die Ein- und Durchreise für die Europäische Union verboten ist. So dauert der missliche Umstand an, dass Sanktionen den Dialog blockieren. Fast alle deutschen und Abgeordneten aus Ländern der EU können zwar nach Moskau reisen, aber ihre Partner in der Duma haben wenige Chancen zu Gegenbesuchen.

Die russischen »Gegensanktionen« betrafen zuerst landwirtschaftliche Erzeugnisse wie Obst und Gemüse, Fleisch- und Geflügelerzeugnisse, Milch und Milchprodukte. Dann wurde beschlossen, dass im Maschinenbau keine Aufträge mehr an Firmen vergeben werden dürfen, die nicht in Russland produzieren, Gleiches gilt für den Fahrzeugbau, die Verfahrenstechnik, die Leichtindustrie[98] und wirkt sich gravierender aus. Für 89 Politikerinnen und Politiker aus EU-Europa erteilte die russische Regierung Einreiseverbot.

Nach Schätzungen der EU-Kommission sollen die Russland-Sanktionen den Ländern der Europäischen Union in den Jahren 2014 und 2015 Verluste von insgesamt 90 Milliarden Euro beigefügt haben. Von allen Mitgliedsländern der Gemeinschaft treffen sie Deutschland am härtesten; etwa ein Drittel der EU-Exporte nach Russland kommen aus Deutschland.[99] Seit 2012 haben sich die deutsch-russischen Exporte halbiert, so das Ergebnis der Umfrage *Geschäftsklima Russland 2016*, sie wurde vom Ost-Ausschuss der Deutschen Wirtschaft und der Deutsch-Russischen Außenhandelskammer, AHK Russland, durchgeführt.[100] Dabei ist zu berücksichtigen, dass der »wirtschaftliche Schaden der realwirtschaftlichen Sanktionen (…) weitaus größer (ist), als das allein die Exportrückgänge Deutschlands nach Russland ausdrücken. Die indirekten Effekte auf Produktion und Beschäftigung sind durchweg höher als die direkten Effekte«[101], so eine Analyse zu den Folgen der Sanktionen. Sie zeitigen »einen Verlust der Produktion infolge des gesamten Exportrückgangs nach Russland in den Jahren 2014 und 2015 in Höhe von fast 40 Mrd. Euro« insgesamt, wovon der Produktionsrückgang der explizit mit Sanktionen belegten Waren 13,5 Mrd. Euro beträgt.[102] Hinzu kommt, je länger die Sanktionen andauern, desto größer wird der wirtschaftliche Schaden. 2014 waren infolge des Exportrückgangs nach Russland 8,7 Prozent des Ertragsverlusts auf die Sanktionen zurückgeführt worden, 2015 erreichte ihr Anteil bereits 56 Prozent. 2016 kann dieser Anteil wiederum 50 Prozent überschreiten. »Außerdem«, so die Studie, »bergen anhaltende Sanktionen das Risiko, Märkte auf lange Zeit an die Konkurrenz zu verlieren und auch die nicht-sanktionierten Bereiche sowie die Energieversorgungs- und die Direktinvestitionsbeziehungen mit Russland zu belasten.«[103]

Nicht in Prozenten oder Geld, sondern in Arbeitsplätzen ausgedrückt, entsprechen die Russland-Sanktionen seit 2014 »rechnerisch dem Verlust von 60.000 Arbeitsplätzen«, so Wolfgang Büchele, Vorsitzender des Ost-Ausschusses der Deutschen Wirtschaft, im *Handelsblatt*.

»Ihre Wirkung entfalten die Sanktionen nicht allein durch das Verbot von Handelsgeschäften. Gravierend wirken sich besonders die eingeschränkten Finanzierungsmöglichkeiten für russische Mittelständler, stornierte Investitionen, Ausfälle bei Dienstleistungstransfers oder abgesagten (Urlaubs-)Reisen aus.«[104] Auch die russische Wirtschaft leide unter den Sanktionen und die Wirtschaft der baltischen Staaten, Polens, Belarus, Kasachstans oder der Ukraine. Ihren eigenen Schaden, so Büchele, gebe die russische Regierung mit jährlich 40 Milliarden Dollar an. Es mag Ausdruck von Zweckoptimismus sein oder der Wunsch, brachliegende Reserven zu mobilisieren, wenn politische und wirtschaftliche Akteure nicht nur in Moskau, auch in entfernten Regionen, die Sanktionen als Herausforderung oder gar Chance sehen, die heimische Produktion in Industrie und Landwirtschaft zu stärken. Manche nehmen sogar Bezug auf den Großen Vaterländischen Krieg in dem Sinn: Wir haben uns in viel schlimmerer Lage nicht unterkriegen lassen. Diese Mischung aus Trotz und Selbstbewusstsein, so die Beobachtung der Autoren, wirkt durchaus mobilisierend.

Die Sanktionen kappen nicht alle Wirtschaftsbeziehungen. Für Russland selbst wie für gemeinsame Projekte sei die »Lokalisierung« genannte Wirtschaftsstrategie eine gute Sache und habe sich namentlich im Autobau bewährt, meint Andreas Steininger, Professor in Wismar.[105] Er hat sie sich genauer angesehen. Mit »Industriemontageverträgen« verpflichten sich ausländische Investoren, eine bestimmte Anzahl von Automobilen in der Russischen Föderation zu montieren und die Arbeitsplätze zu garantieren. Dafür erhalten sie Privilegien in Form von Steuervergünstigungen, Erleichterungen bei der Pacht staatlichen Besitzes oder Subventionen. Ein eigenes »Industriepolitikgesetz« aus dem Jahr 2015 gebe dieser Form der Wirtschaftsförderung eine verlässliche Basis. Sie biete Chancen, einen Platz auf dem russischen Markt zu finden, und sie mildere die Effekte der Sanktionen, so das Fazit der Untersuchung.

Nach einem halben Jahr Erfahrungen mit den Sanktionen brachte die Fraktion DIE LINKE am 12. November 2014 im Bundestag einen Antrag ein zum »Einstieg in den Ausstieg – Sanktionen gegen Russland aufheben«[106]. Es ging hier nur um den Einstieg in den Ausstieg, um mehr nicht. So wurde die Bundesregierung aufgefordert, in der EU darauf hinzuwirken, die Listung russischer Parlamentarier aufzuheben, die Wirtschaftssanktionen schrittweise aufzuheben und deutsch-russische Gesprächsfäden, wie im Petersburger Dialog, nicht abreißen zu lassen. Kaum hatte der Autor zur Begründung des Antrags festgestellt: »Das Verhältnis zu Russland war in den letzten 20 Jahren noch nie so schlecht, wie es heute ist«, und die Abgeordneten der anderen Parteien aufgefordert, gemeinsam festzustellen, dass die Sanktionen gescheitert seien: »Das wissen Sie alle. Sie trauen sich nur nicht, das zuzugeben«, ging der Krawall los: Manfred Grund (CDU/CSU) fiel in den Antikommunismus der fünfziger Jahre zurück: »Es sprach zu uns der Genosse Wolfgang Gehrcke, erster Sekretär der Hauptabteilung für Desinformation und

Propaganda der Deutschen Kommunistischen Partei, gestählt und argumentativ geschult durch viele Studienaufenthalte in der Sowjetunion bzw. Moskau.« Putin, so der Abgeordnete Grund, stehe in der Tradition des Hitler-Stalin-Pakts mit der Aufteilung Mittel- und Osteuropas.[107] Marieluise Beck (Bündnis 90/DIE GRÜNEN) packte nicht Putin in die stalinistische, sondern DIE LINKE in die rechte Ecke, als sie fragte: »An wessen Seite stehen Sie eigentlich? Sie stehen neben UKIP, Jobbik, Le Pen und all den anderen, die als getarnte Wahlbeobachter auf der Krim und bei diesen Scheinwahlen in der Ostukraine waren und die auch hier in Deutschland ihr Unwesen treiben, übrigens getarnt als Montagsdemos.«[108] Marieluise Beck benutzte nicht den Begriff, der damals aufkam: Putin-Versteher. Doch sie argumentierte mit seinem Inhalt als Kampfbegriff für Autoritarismus und Antiamerikanismus und auf dieser Grundlage einer »Querfront« von rechts und links an der Seite Russlands. Niels Annen (SPD) führte aus, der Antrag laufe auf »eine Ermutigung des bisherigen Kurses von Wladimir Putin hinaus«, denn unerwähnt im Antrag zum Einstieg in den Ausstieg der Sanktionspolitik bliebe »die hemmungslose Brutalität, mit der Russland gegen die Ukraine vorgeht … und auch nicht die Art und Weise des Versuches, diesen Staat mit prorussischen Kräften zu zerstören und zu zersetzen, die man mit all dem ausstattet, was notwendig ist, um ein Land zu destabilisieren. Vielmehr drücken Sie all dies weg und wollen davon ablenken. Sie geben uns sogar eine Schuld, als hätten wir mit den Sanktionen einen aggressiven Akt begonnen.«[109]

Einen »aggressiven Akt« sehen allerdings eine ganze Menge Leute in den Sanktionen. Von einem »Handelskrieg«, bei dem die deutsche Wirtschaft »einen Einbruch erleben wird«, sprach etwa Heinrich Bayer, Ökonom bei der Postbank.[110] Laut *Süddeutscher Zeitung* warnten deutsche Manager »vor einem Wirtschaftskrieg mit Russland«.[111] Gegen diese Art Krieg treten ganz unterschiedliche Kräfte in Deutschland auf. Immer wieder ist es, neben Institutionen des Dialogs, wie das Deutsch-Russische Forum, soziale und politische Gruppen, Friedensbewegte, der Ost-Ausschuss der Deutschen Wirtschaft. Sein damaliger Vorsitzender, Eckhard Cordes, konstatierte im Juni 2015: »Damit der Friedensprozess endlich an Fahrt gewinnt, muss die EU ihre trilateralen Gespräche mit Russland und der Ukraine intensivieren und durch die Lockerung der Wirtschaftssanktionen begleiten. Wir brauchen den Einstieg in den Ausstieg aus den Sanktionen.«[112]

Stattdessen werden sie verschärft und auf weitere Bereiche ausgeweitet. So hat die Parlamentarische Versammlung des Europarats der russischen Delegation das Stimmrecht entzogen, sie wurde von den Leitungsgremien des Europarats und von Wahlbeobachtungen ausgeschlossen. Sie durfte zwar noch an den Sitzungen teilnehmen, hat dieses Angebot aber abgelehnt und im Januar 2017 keine Delegation akkreditieren lassen.

Die EU-Sanktionen sollen erst fallen, wenn die russische Regierung das Minsker Friedensabkommen vollständig erfüllt hat. Eine schwierige Bedingung. Denn einige der vereinbarten Maßnahmen liegen nicht in den Händen

Russlands, sondern Kiews. Einige Beispiele: Das Gesetz zur vorübergehenden größeren Selbständigkeit und das Autonomiegesetz für die Regionen Donezk und Lugansk, das Wahlgesetz zu den Kommunalwahlen, die Verfassung der Ukraine … – all diese Gesetze werden nicht in der russischen Duma, sondern im Kiewer Parlament, die Werchowna Rada, beschlossen. Die aber hat die Bedingungen von Minsk II zurückgewiesen und keinen der geforderten Gesetzentwürfe beschlossen, ebenso wenig die Strafrechtsfreiheit für »Aufständische«. Macht man für die Erfüllung aller Punkte der Vereinbarung nur eine Seite, die russische, verantwortlich, dann ist es faktisch in die Hand der Kiewer Regierung gegeben, wann oder ob die Sanktionen gegen Russland fallen. Das aber ist ausgesprochen nicht ihr Wunsch. Juri Luzenko, Fraktionsvorsitzender des regierenden Blocks Petro Poroschenko, wird mit dieser Aussage zitiert: »Wir beschließen ein Gesetz, das Lokalwahlen erst zulässt, wenn Armee und Staat die ukrainische Flagge, ukrainische Parteien und das ukrainische Gesetz dorthin gebracht haben.«[113] In anderen Worten: Lokalwahlen soll es erst nach einem militärischen Sieg der ukrainischen Armee über Donezk und Lugansk geben.

Noch einmal im Dezember 2016 haben alle 28 EU-Staaten der Verlängerung der Sanktionen zugestimmt. Doch unter der Oberfläche brodelt es, und manchmal tritt das Unbehagen nach außen. So stellte sich der seinerzeitige EU-Ratsvorsitzende und slowakische Ministerpräsident, Robert Fico, offen gegen die geplante Verlängerung der Russland-Sanktionen. Sie seien nicht zielführend. Ein Veto wollte er aber nicht einlegen, er wolle sich nicht gegen Deutschland und Frankreich stellen und die Einheit der EU nicht gefährden.[114] Das Gleiche trifft auf Staaten wie Ungarn, Zypern, Griechenland, Italien oder die Slowakei zu, sie würden die Sanktionen lieber heute als morgen abschütteln. Im November 2016 wurden in Moldawien, mit der EU assoziiert, und im EU-Mitgliedsland Bulgarien neue Präsidenten gewählt. Beide werden in der deutschen Presse mit dem Adjektiv »russlandfreundlich« belegt. Der in Bulgarien von den Sozialdemokraten aufgestellte siegreiche Rumen Radev, ehemaliger Luftwaffengeneral, tritt für eine Aufhebung der Russland-Sanktionen ein, und die Krim soll aus seiner Sicht kein Zankapfel sein, sie gehöre zu Russland. Der Gewinner in Moldawien, Igor Dodon, hat angekündigt, eine strategische Partnerschaft mit Russland anzustreben und aus dem Assoziierungsabkommen auszusteigen. In der Ukraine-Frage unterstreicht die Bundeskanzlerin, sie arbeite »insbesondere mit ihren französischen Partnern intensiv auf eine ... politische Lösung hin«[115]. Wenn das so ist, dann könnte ein couragierter deutsch-französischer Vorstoß in der Europäischen Union die Sanktionspolitik der EU rasch beenden. Eben dieser couragierte Vorstoß fehlt.

Die Sanktionen gegen Russland haben viele Verlierer und einen Gewinner. Das sind die USA. Wirtschaftlich sind ihre Einbußen gering, politisch haben sie ihren Markt-Konkurrenten EU und Deutschland noch einmal zeigen können, wo die Harke hängt, und strategisch einen möglichen kooperierenden und prosperierenden eurasischen Raum auf absehbare Zeit verhindert.

Aus diesen Gründen setzte Washington alles daran, EU-Europa zum Jagen zu tragen oder besser: zu treiben. Das offenbarte der damalige Vizepräsident der Vereinigten Staaten, Joe Biden, in einer Rede, die das Weiße Haus dokumentiert hat. »Es ist wahr, dass sie das nicht tun wollten«, bestätigt Biden die Vermutung, dass die EU keine Sanktionen verhängen wollte. »Aber wiederum war es die Führungsrolle Amerikas und die Tatsache, dass der Präsident der Vereinigten Staaten darauf bestanden hat – ja, Europa des Öfteren fast sagen musste, dass seine Haltung eine Schande sei –, sich zu erheben und wirtschaftliche Nachteile einzustecken, um dafür zu sorgen, dass die Russen dafür bezahlen müssen.« Aus Sicht der US-Administration ist ihr Plan prima aufgegangen. »Die Folgen waren eine massive Kapitalflucht aus Russland, ein regelrechtes Einfrieren von ausländischen Direktinvestitionen, der Rubel auf einem historischen Tiefstand gegenüber dem Dollar und die russische Wirtschaft an der Kippe zu einer Rezession.«[116]

Unabhängig davon, wie man den Austritt der Krim aus dem Staat Ukraine bewertet, äußern Völkerrechtler Zweifel an den Rechtsgrundlagen so weitreichender Beschränkungen der persönlichen Bewegungsfreiheit und des Wirtschaftsverkehrs. Sie seien weder durch Europarecht noch allgemeines Recht jenseits der UN-Charta gegeben. Für Herwig Roggemann[117] sind die Russland-Sanktionen der Ersatz von Außenpolitik durch Strafmaßnahmen, »Anti-Politik« in »selbstverordneter politischer Sprachlosigkeit«.[118] Auf jeden Fall erschweren Sanktionen Verhandlungen zur Lösung angestauter Probleme. Vernünftige Gespräche werden von Gleich zu Gleich geführt. Sanktionen aber schaffen eine ungleiche Basis, der Kontrahent soll in die Knie gezwungen werden. Denn Sanktionen sind Strafaktionen aus politischen Gründen, die einen strafen, die anderen werden bestraft. Die einen sind die Vollstrecker, die anderen Opfer. Die Strafenden wähnen sich höherwertig, ganz im Rechten, während die Bestraften belehrt und mit Macht zu einem gewünschten Verhalten gezwungen werden sollen. Deshalb können Sanktionen nicht leise vor sich hinplätschern, ihnen ist vielmehr eine Spirale eingebaut: Hat der zu Bestrafende innerhalb der gesetzten Frist »seine Hausaufgaben nicht gemacht« – auch ein beliebter Begriff, der sich als strenger Schulmeister aufspielenden deutschen Außenpolitik –, dann muss er härter rangenommen, die Daumenschrauben müssen angezogen werden. Und weil Sanktionen ein Mittel von Druck und Zwang sind, kommen aus der Nummer nicht beide Seiten unbeschadet heraus, schließlich muss einer nachgeben respektive verlieren – sein Gesicht oder in der Sache oder beides. Aber so weit denken die Sanktionsbefürworter hierzulande nicht. Dass man am Anfang zugleich an das Ende denken muss, dass man für alles, was man auslöst, zugleich ein Ausstiegsszenario in Betracht ziehen muss, haben sie nicht auf dem Zettel. Sie treten trotzig auf der Stelle. Eric Frey, leitender Redakteur der österreichischen Ta-

geszeitung *Der Standard*, ist als ganz harter Kerl für
Züchtigung. 2014 hatte er eine weitere »Verschärfung
der Sanktionen bis hin zum Abbruch aller Wirtschaftsbeziehungen mit Moskau, sowie mit direkter Mili-
tärhilfe für Kiew (gefordert). Waffenlieferungen, die
Stationierung von Nato-Truppen in der Ukraine bis hin
zu US-Luftschlägen gegen Separatistenstellungen und
russische Nachschublinien – alle Optionen gehören in
diesen Tagen auf den Tisch.«[119] Zwei Jahre später meint
er immer noch, der Westen hätte die Ukraine mehr
»finanziell, politisch und sogar militärisch« unterstützen
sollen. Nun aber stecke die EU »in der selbstgebastelten
Sanktionsfalle«. Sie wirkten »wie ein Gift in der europäischen Politik (…) und lassen Putins Russland als
Opfer dastehen«. Ein rasches Ende der Sanktionen
wäre für die EU wünschenswert, könne aber nur mit
Gegenleistungen Moskaus geschehen, dazu sieht er
keine Bereitschaft. Wenn Trump die US-amerikanische
Sanktionspolitik aufgäbe, könne Europa nachziehen.
»Doch dann würde es wieder die von Russland ver-
breitete Mär bestärken, dass die Sanktionen nur eine
amerikanische Verschwörung waren, der sich Europa
unterordnen musste.« Jetzt steckt der Kommentator in
einer selbstgeschriebenen Argumentationsfalle. Klein
beigeben geht ja seiner Meinung nach nicht. Also doch
besser bomben oder gleich mit NATO-Soldaten in die
Ukraine einmarschieren? Er rettet sich ins Allgemeine: »Sanktionen sind immer eine Art Placebo für eine
Außenpolitik der Werte.«[120] Eine »Außenpolitik der
Werte« im Rahmen einer »westlichen Wertegemein-

schaft WWG«[121] trifft das Selbstverständnis der bundesdeutschen Außenpolitik ziemlich gut. Insbesondere die Bundeskanzlerin ist so verliebt in Werte, dass sie nicht oft genug von ihnen sprechen kann. Statt unter dem Mantel der Werte Russland an den Rand zu drängen, hätte eine realistische und rationale deutsche und EU-Außenpolitik mit allen Interessierten an einer neuen europäischen Sicherheitsstruktur gearbeitet, in der Russland mit seinem Sicherheitsbedürfnis und seinen wirtschaftlichen Möglichkeiten und Wünschen einen Platz hat – nicht über dem aller anderen europäischen Länder, aber auch nicht unter ihnen. Und so macht der Begriff von Sanktionen gegen Russland als Placebo für eine Außenpolitik der Werte Sinn: Sie folgen weder nationalen noch europäischen noch Friedensinteressen, stattdessen sind sie ein hoch ideologisierter Ersatz für eine eigenständige Europapolitik Deutschlands und der EU.

Kapitel 4

Krieg der Worte

Früher war es die fünfte Kolonne Moskaus, die auf Geheiß des Zentralkomitees der Weltrevolution unsere westlichen Demokratien unterwanderte, zu zerstören trachtete, wahlweise zur Implosion oder Explosion bringen wollte. Die Weltrevolution hat eine Pause eingelegt, ihr Zentralkomitee gibt es nicht mehr – aber der Kreml existiert noch, und er ist bewohnt von einem mächtigen Mann: Wladimir Putin. Wer heute nachdrücklich vor der »russischen Gefahr« warnen will, wählt ein neues, ein aktualisiertes sprachliches Bild wie dieses: *Die Trojanischen Pferde des Kremls. Der Russische Einfluss in Frankreich, Deutschland und Großbritannien.* Dieses aufschlussreiche Werk ist bis dato nur auf Englisch erschienen unter dem Titel: *The Kremlin's Trojan Horses.* Im Vorwort des als »Bericht« apostrophierten Pamphlets wird Bezug genommen auf die »offensichtlichen Versuche« des Kreml, »die US-amerikanischen Präsidentschaftswahlen zu beeinflussen und zu stören«[122]. Davon ist zwar nichts bewiesen, umso stärker scheint das Motiv von Präsident Putin zu sein: Er »sieht zunehmend das, was der Westen sucht – Europa vereint, frei und in Frieden –, nicht mehr als Möglichkeit für gedeihliche Koexistenz, sondern als Bedrohung für sein politisches Programm und das Überleben seines

Regimes«. Deshalb dürften, salopp gesagt, die westlichen Regierungen nicht so blauäugig bleiben gegenüber denjenigen, die Sympathien für die Aktionen des Kreml zeigten oder sie unterstützten.

Deutschlands Trojanische Pferde hat Stefan Meister ausfindig gemacht. Er ist Programmleiter für Osteuropa, Russland und Zentralasien im Robert Bosch-Zentrum für Mittel- und Osteuropa, Russland und Zentralasien der Deutschen Gesellschaft für Auswärtige Politik (DGAP). Diese wird mit 856.000 Euro aus dem Einzeletat des Auswärtigen Amtes finanziert und erhält zusätzlich projektbezogene Förderungen, so die Antwort der Bundesregierung auf die Kleine Anfrage des Abgeordneten Andrej Hunko und anderen und der Fraktion DIE LINKE zu angeblich geplanten Cyberangriffen der russischen Regierung auf die Bundestagswahl.[123] Als Tabelle präsentiert Meister eine »transatlantische schwarze Liste« von »Key Pro-Russian Actors in Germany«, von prorussischen Schlüsselakteuren in Deutschland. Aus der SPD sind das Sigmar Gabriel, damals Vizekanzler und Wirtschaftsminister und heute Außenminister, Gerhard Schröder, ehemaliger Bundeskanzler, Matthias Platzeck, ehemaliger SPD-Chef und Vorsitzender des Deutsch-Russischen Forums; aus der CDU Ronald Profalla, ehemaliger Kanzleramtschef, Bahnvorstand, Vorsitzender des Petersburger Dialogs. Aus der LINKEN Wolfgang Gehrcke, stellvertretender Fraktionsvorsitzender, Andrej Hunko, MdB, Sahra Wagenknecht, Fraktionsvorsitzende. Und auch die AfD wird erfasst mit Alexander Gauland, stellvertretender Sprecher, und

Markus Frohnmaier, Vorsitzender der AfD-Jugendorganisation. Hinzu kommen Personen aus führenden Kreisen der Wirtschaft, die Russland-Kontakte pflegen, und aus der politisch sehr rechten Ecke Pegida-Gründer Lutz Bachmann und der *Compact*-Chefredakteur Jürgen Elsässer. Es ist wieder das bekannte Strickmuster von Kommentaren und in Leitmedien veröffentlichtem »Experten«-Wissen, als Putin-Versteher politisch Rechte und Linke in einem Atemzug zu nennen. Es entspricht so schön der Totalitarismus-Theorie, wonach die Extreme auf jeder Seite sich spiegelbildlich gleichen. Zugleich werden mit einer Einreihung der Rechten in die Phalanx derjenigen, die ein gutnachbarschaftliches Verhältnis zu Russland anstreben, alle anderen, die das auch wollen, diskreditiert und in Erklärungsnotstand gebracht.

Ein Bundestagsabgeordneter der LINKEN, Diether Dehm, hat sich beim Autor der Studie beschwert, dass er nicht namentlich in der Tabelle der »Key Pro-Russian Actors in Germany« auftaucht, habe er sich doch fortdauernd um Verständigung und Ausgleich mit Russland bemüht. Die Antwort Stefan Meisters vom 22. November 2016 überrascht. »Die Tabelle stammt, ehrlich gesagt, nicht von mir, die hat sich der Atlantic Council ausgedacht … Ich habe den AC von Anfang an darum gebeten, sie nicht in den Text einzufügen, und habe das jetzt nochmal getan.« Und an Andrej Hunko schrieb er am 21. Dezember 2016: »Für mich war das die erste Zusammenarbeit mit dem Atlantic Council, und es wird auch die letzte gewesen sein, da meine Publikation instrumentalisiert und verändert worden ist (v. a. mit der

Tabelle).« Davon abgesehen, hält er seine Analyse für sachlich, ausgewogen und nachvollziehbar.

»Aus der Perspektive des Kremls«, so Meisters Zusammenfassung, »umfassen die wunden Punkte in Deutschland die deutschen Sozialdemokraten mit ihrer Kultur des Kompromisses und Entgegenkommens gegenüber Russland; eine generell pazifistische Gesellschaft, die gegenüber der Sowjetunion respektive Russland Schuld in Bezug auf den Zweiten Weltkrieg empfindet ebenso wie die miteinander verknüpften politischen und ökonomischen Netzwerke.«[124] Hieße das umgekehrt, dass zur Abwehr des russischen Einflusses auf Deutschland eine Kultur des Kompromisses in eine der Konfrontation verdreht, die Gesellschaft bellizistisch und die gegenseitig verwobenen Netzwerke zerschnitten werden müssen? Und sollen etwa zur Immunisierung gegen russische Propaganda jetzige und künftige Generationen die beim faschistischen Überfall ermordeten 27 Millionen Bürgerinnen und Bürger der Sowjetunion am besten vergessen? Das wären höchst gefährliche und zutiefst unmoralische Ratschläge. Aber sie sind offensichtlich nicht ausgeschlossen. Sozusagen als Amtshilfe ohne vorheriges Begehren liefert der Atlantic Council dringliche Empfehlungen, was Geheimdienste, EU und Medien gegen die Trojanischen Pferde unternehmen müssen, und katapultiert die Lesenden endgültig zurück in die Ära McCarthy, als in den fünfziger Jahren des vergangenen Jahrhunderts in den USA, aber auch in Westdeutschland, jeder nur halbwegs nachdenkliche und an Frieden und Verständigung interessierte Mensch als Kommunist und Agent Moskaus stigmatisiert wurde. Das konnte schwerwiegende Folgen haben, von der Vernichtung der beruflichen Existenz über Haftstrafen bis gar zum Tod auf dem elektrischen Stuhl, wie ihn Ethel und Julius Rosenberg erleiden mussten.

Um die Trojanischen Pferde des Kreml zu stoppen, empfiehlt der Atlantic Council den deutschen Geheimdiensten, herauszubekommen, welche politischen Gruppen, Medien, Parteien vom russischen Geheimdienst finanziert werden, Medien und investigative Gruppen sollten insbesondere Energie- und Unternehmensprojekte enthüllen und »Druck auf die EU ausüben, Geschäftsprojekte wie Nord Stream 2 zu blockieren«. Der Energiesektor ist dem Atlantic Council offensichtlich besonders wichtig. Weiter: Die EU-Mitgliedsstaaten müssten eine Task-Force gegen die russische Beeinflussung aufbauen, nationale Regierungen und die EU müssten »zivilgesellschaftliche Gruppen und Medien ermutigen und finanzieren« (sic!), die »Licht ins Dunkel von Russlands Netzwerken bringen«, die EU-Kommission soll über eine neue Agentur »zivilgesellschaftliche Wachhundgruppen finanzieren« und so weiter und so fort. Frei nach dem Motto: »In jedem Bürger steckt ein potentieller Spion«, wird hier ein gigantisches Beschäftigungsprogramm zur staatlichen Finanzierung von Schnüfflern und Denunzianten entworfen.[125] Es ist kaum geeignet, die fünfte Kolonne Moskaus zu enttarnen, sehr wohl aber dazu, die Grundlagen der Demokratie zu schleifen. Doch die Forderungen kommen offensichtlich an und werden befolgt.

Zum Jahresende 2016 Schock und Aufregung allüber-
all, weil »die Desinformationsspezialisten des Kreml
jüngst ... sogar den Präsidentschaftswahlkampf der
mächtigsten Nation der Welt manipulieren«[126] konnten. Für diese Behauptungen bedarf es keiner Belege
oder Beweise. Damit versucht sich immerhin die Bundesregierung in ihrer Antwort auf die Kleine Anfrage zu
den angeblich geplanten Cyberangriffen der russischen
Regierung auf die Bundestagswahl.[127] Gefragt, über
welche Hinweise die Bundesregierung verfüge, dass
russische Geheimdienste die Bundestagswahl 2017
beeinträchtigen wollen, verweist die Angesprochene
auf den Datenklau aus dem Netzwerk der Demokratischen Partei der USA, was in der Folge als Beleg für die
Manipulation der gesamten Wahl durch den russischen
Geheimdienst gewertet werden wird. »Die Analysen
der drei mit der Untersuchung des Angriffs beauf-
tragten   unabhängigen   IT-Sicherheitsunternehmen
ergaben Hinweise auf eine Infektion durch die beiden
Angriffskampagnen APT 28 und APT 29, die IT-Sicherheitsunternehmen Russland zuordnen.« Die Angriffs-
kampagne APT 28 sei auch bei den Cyberangriffen auf
den deutschen Bundestag im Frühjahr 2015, Mai und
August 2016 identifiziert worden. Erstaunlich, dass die
Bundesregierung erst mit vielen Monaten Verspätung
mit der doch nicht ganz unbedeutenden Information
herausrückt, dass sie und der Bundestag schon mehrfach Ziel russischer Angriffe gewesen seien. Oder ist ihr
das erst sehr viel später eingefallen?
Die US-Wahl als Tat des Kreml mit seiner Untergrund-

armee von Hackern und Desinformanten war für BILD das Menetekel: »Russlands Präsident Putin wird versuchen, den Ausgang der Bundestagswahl zu beeinflussen. Experten befürchten sogar Sexmobs vor der Wahl.« Das ist Absurdistan in Potenz, hier übertrifft BILD sich selbst! Ein »Propaganda-Feldzug sogar mit Sexmobs« zur Abwahl Merkels![128] Eigentlich eine Realsatire zum Kringeln und Lachen. Doch die Redaktion meint es ernst und packt echte Lebenshilfe dazu unter dem Titel: »Putins Geheimkrieg gegen unsere Wahl. Was Sie wissen müssen, damit Sie nicht aus Versehen Putin wählen.« In diese Falle könnten Sie tappen, wenn Sie einer Partei Ihre Stimme gäben, die »zum Beispiel die Aufhebung der Sanktionen« fordert. »Die Einflussnahme des Kremls wird darauf abzielen, sowohl diejenigen zu fördern, die grundlegende Kritik am deutschen Staat und vor allem an Kanzlerin Merkel üben, als auch EU- und NATO-feindliche Kandidaten, die sich für eine weitere Abrüstung Europas einsetzen, die außerdem die EU zerstören möchten und überzeugt für eine Versöhnung Deutschlands mit Putins Russland plädieren.«[129] Dann doch besser ausgewiesene Russen-Feinde wählen. Das Springer-Blatt hätte sich die Sache auch einfacher machen und in großen Lettern drucken können: WÄHLT MERKEL. Das ist aber weniger wirkungsvoll als Geschichten zum Fürchten, die von »Experten« als Wahrscheinlichkeit oder Wahrheit präsentiert werden. Die *NachDenkSeiten* haben genauer hingeschaut, welche »Experten« sich für diese BILD-Schmonzette hergeben[130]:

Jānis Sārts, Direktor des NATO StratCom Centre of Excellence, also der NATO-Abteilung für »strategische Kommunikation«; Maksymilian Czuperski, Berater für »strategische Kommunikation« beim Atlantic Council; Gustav Gressel, Senior Policy Fellow beim European Council on Foreign Relations, europäische Denkfabrik, in der das Who is Who der transatlantischen Community sitzt, wird maßgeblich von George Soros' »Open Society Foundations« mitfinanziert; Anke Schmidt-Felzmann vom Swedish Institute of International Affairs, Denkfabrik, die eng mit der Universität der schwedischen Armee zusammenarbeitet; Irina Schlegel von InformNapalm, einer antirussischen Community-Plattform aus dem Euromaidan-Umfeld; ein nicht namentlich genannter »Sprecher« der Online-Plattform »PropOrNot«. Das ist bizarr, denn diese Gruppe haben nahezu alle alternativen Medien der USA jüngst genau umgekehrt als »Fake-News-Verbreiter im Auftrag Putins« bezeichnet.

»Die sogenannten Experten der BILD sind also von der NATO, aus Denkfabriken im NATO-, Rüstungsindustrie- und George-Soros-Umfeld oder von antirussischen Plattformen, die im besten Falle verdächtig sind, es mit der Wahrheit selbst nicht immer so genau zu nehmen, und im schlimmsten Falle als ungeschminkte Propagandaschleudern bekannt sind.«[131] George Soros, dieser Name taucht immer wieder auf, wenn es gegen Russland geht, etwa im Zusammenhang mit den Farbenrevolutionen in Ost- und Mitteleuropa. Seine Stiftungen und das von ihm ins Leben gerufene European Council on Foreign Relations haben immensen Einfluss auf das Verhältnis West-, Mittel- und Osteuropas zu Russland.

Inzwischen ein guter Bekannter, hat der Atlantic Council, komplett heißt es: Atlantic Council of the United States, sich unter die BILD-Experten gemischt. *Lobbypedia* charakterisiert ihn als »außergewöhnlich einflussreiche US-amerikanische Denkfabrik und Lobbyorganisation, die von weltweit tätigen Konzernen und ehemaligen ranghohen Regierungsvertretern und Ex-Militärs gesteuert wird«. Finanziert wird er vor allem von den großen amerikanischen und europäischen Rüstungskonzernen Airbus, Lockheed Martin, Krauss-Maffei Wegmann, Raytheon, Thales, Boeing und Northrop Grumman Aerospace. Größere Geldsummen spenden auch Verbundnetz Gas AG, SAS, Shell, Bank of America, Exxon Mobile oder die Bertelsmann-Stiftung. Einer Recherche des US-amerikanischen Politmagazins *New Republic* zufolge, wurde der Atlantic Council im Jahr 2012 von insgesamt etwa hundert Konzernen finanziert, hinzu kommen fünfzehn Regierungen, darunter Heimstätten der Demokratie und Menschenrechte wie Bahrain, Jordanien, Saudi-Arabien, Taiwan und Kasachstan; aber auch Schweden.[132] Plus, laut *Lobbypedia*, die Europäische Union. Die ehemaligen Regierungsmitglieder im Atlantic Council sind die Türöffner zu aktiven Regierungsspitzen, um mit deren Unterstützung die eigennützigen Vorstellungen des Council von Wirtschaft, Politik und Sicherheit in die offizielle Politik einzubringen. Der Atlantic Council ist also eine Vereinigung des militärisch-industriellen Komplexes, wenn nicht sogar seine Schaltstelle. Und er hat das adäquate Mittel gegen die »russische Gefahr«: Waffen! Rüstung ist bekanntlich ein Geschäft mit höchsten Profitraten. Damit es floriert, muss die Gefahr, gegen die es wirken soll, nicht notwendig vorhanden sein, aber sie muss tatsächlich geglaubt werden. Zu diesem Zweck ist offensichtlich keine Behauptung zu absurd, um nicht ausprobiert zu werden, so wie Putins Sexmobs nach Art Kölner Hauptbahnhof Silvester 2015, um die Wahl von Angela Merkel zu verhindern.

Phantastische Erfindungen und maßlose Verdrehungen im Blatt mit den vier Buchstaben mögen nicht ganz unerwartet kommen. Aber seitens der Qualitätsmedien? Von der *Süddeutschen Zeitung* etwa oder der *Tagesschau*? Die *Tagesschau* machte am 8. Februar 2017 zur 20-Uhr-Primetime mit der Nachricht auf, ein Moskauer Gericht habe den »Oppositionellen« Nawalny zu fünf Jahren Haft auf Bewährung verurteilt, wegen schweren Betruges. Aufgrund dieses »umstrittenen« (!) Schuldspruchs könne Nawalny bei der Präsidentschaftswahl voraussichtlich nicht gegen Präsident Putin antreten, das russische Wahlgesetz schließe eine Kandidatur von Straftätern aus. Analoges gibt es im deutschen Wahlrecht auch. Die *Tagesschau* erwähnt zwar, das erstinstanzliche Urteil mit gleichem Strafmaß sei vom Europäischen Gerichtshof für Menschenrechte als »Unrechtsurteil« bezeichnet worden, unterschlägt aber, dass das Oberste Gericht der Russischen Föderation das fragliche Urteil aufgehoben und den Fall an das Ursprungsgericht zur Neuverhandlung zurückverwiesen hatte, ein korrektes Verfahren. Im

Tagesschau-Cocktail aus Sagen und Weglassen hingegen wird die Metabotschaft transportiert, die russische Justiz sei eine Unrechtsjustiz. Die *Süddeutsche* vom selben Tag lässt ihren Moskauer Korrespondenten den Fall kommentieren und der, er heißt Julian Hans, behauptet ernsthaft, der »charismatische Kreml-Gegner wäre der Einzige, der gegen Wladimir Putin einen Achtungserfolg erringen könnte. Aber dazu darf es nicht kommen.« Kriegt der Mann denn nicht mit, was die Russländer denken? Nach Angaben des Lewada-Zentrums, das ist ein eher »kremlkritisches« Institut, unterstützten im November 2016 über 86 Prozent der Bürger Russlands die Politik des Staatsoberhaupts im Inneren wie nach außen.[133] Der *Süddeutsche*-Kommentator aber lässt nicht den Hauch eines Zweifels zu, dass Nawalny im Rennen um die Präsidentschaft disqualifiziert worden sei, weil Putin Angst um sein Wahlergebnis habe. Der brauche nämlich über 70 Prozent als »Machtdemonstration gegenüber dem Volk« und arbeite deshalb mit Einschüchterung und Angst. Nawalny hatte 27 Prozent bei den Moskauer Bürgermeisterwahlen von 2013 erreicht. Nun ist Moskau nicht Russland. Aber wollen *Süddeutsche* und *Tagesschau* wirklich, dass ein Kandidat wie Nawalny in der russischen Politik eine Rolle spielt? Hierzulande schmückt ihn der Titel »Antikorruptionskämpfer«. Doch nach dem Prozess scheint es, als sei er selbst nicht ganz sauber. Es ging immerhin um eine Summe von 250.000 Euro. Die Russophobie der »Qualitätsmedien« geht so weit, dass ihnen das Verhalten und die Politik Nawalnys egal sind. Sie widmen einem Mann größte Aufmerksamkeit, der sich längst als Rassist und Ultra-Nationalist geoutet hat. »In einem Video vergleicht der jetzt als bedauernswertes Putin-Opfer hingestellte Nawalny militante Kaukasier mit ›Kakerlaken, die anders als die Schabe nicht mit einer Fliegenklatsche oder einem Pantoffel, sondern nur mit einer Pistole zu bekämpfen seien‹. Nawalny schlug die Deportation der ›zersetzenden Elemente‹ vor. Er sieht Immigration nach Russland als eines der größten Probleme des Landes an.«[134] Diese Abscheulichkeiten sind *Tagesschau* und *Süddeutscher* keine Silbe wert. Oder sie haben sich nicht die Mühe der Recherche gemacht. Das eine wie das andere ist kein Ausweis von Qualitätsjournalismus. Den praktizieren die beiden *Tagesschau*-Scouts und aufmerksamen Kritiker von ARD-*aktuell*, Volker Bräutigam und Friedhelm Klinkhammer. Sie gehen den Dingen – Auslassungen, Falschmeldungen, Wichtiges verschweigen – auf den Grund und machen ihre Ergebnisse zum Gegenstand einer ihrer fast jeden zweiten Tag notwendigen Programmbeschwerden beim Rundfunkrat des Norddeutschen Rundfunks. Ihre Begründung zum Nawalny-Beitrag: Er verstoße gegen die Programm-Richtlinien des NDR, »insbesondere auch gegen das Gebot der Völkerverständigung und der Pflicht zur umfassenden Berichterstattung. Der Redaktion selbst ist vorzuwerfen, dass sie sich mit Rassisten gemein macht und ihnen ein Forum bietet.«[135]

Wenn es gegen Russland und Wladimir Putin geht, können inzwischen Massenmedien alles schreiben und senden, was sie wollen. So kommentiert die als seriös geltende FAZ vom 22. September 2014 die ZDF-Doku

Machtmensch Putin mit der Schlagzeile »Russland ist kein Bär, sondern eine Sau, die ihre Jungen auffrisst«. Dass russische Hacker und Trolle in unseren Computern und Netzen ihr Unwesen treiben, russische Desinformationskampagnen und Fake-News unsere Wahrnehmung (zer-)stören ist Common Sense. Auf den Hacker-Angriff im US-amerikanischen Präsidentschaftswahlkampf bauen zahlreiche, oft krude, immer beängstigende Szenarien auf, was hierzulande bei der Bundestagswahl und generell in der politischen Öffentlichkeit geschehen könne. Eigenartig nur, dass es womöglich gar keinen Hackerangriff gegeben hat.

Schon im Dezember 2016 haben hohe ehemalige Geheimdienstoffiziere der USA aus der Vereinigung *Veteran Intelligence Professionals for Sanity* (VIPS) – Nachrichtendienstveteranen für Vernunft – eine Denkschrift dazu veröffentlicht.[136] Zur Beurteilung dieses Vorgangs bedienen sie sich »unserer Erfahrung, die wir in hochrangigen Positionen mit einem Schwerpunkt in den Bereichen Cyber-Aufklärung und -Sicherheit in Jahrzehnten gesammelt haben«. Sie kommen zu dem Ergebnis: »Die fraglichen E-Mail-Enthüllungen sind das Ergebnis eines Leaks, nicht eines Hackerangriffs.« Das ist zunächst ein technischer Unterschied: Bei einem Leak entnimmt jemand physisch Daten, etwa auf einem Stick. So waren Edward Snowden und Chelsea Manning vorgegangen. Bei einem Hackerangriff durchdringt jemand von außen Betriebssysteme, Firewalls oder andere IT-Schutzsysteme und zieht dann die Daten heraus.

Ob geleakt oder gehackt macht bei denen, die davon hören, einen signifikanten emotionalen Unterschied: Dass jemand in einen real existierenden Raum eindringt und physisch etwas klaut, ist zwar unangenehm und macht auch Angst. Aber noch angstbesetzter ist die Vorstellung, dass eine nicht identifizierbare, quasi außerirdische Kraft unbemerkt und ohne Spuren zu hinterlassen in unser Innerstes eindringen kann; Rechner enthalten unsere innersten Geheimnisse. In Deutschland fielen diese Ängste auf ein bereitetes Feld. Die Telekom, als Post-Nachfolgerin weithin noch als vertrauenswürdig geltendes Unternehmen, war gerade kurz vorher gehackt worden; 900.000 ihrer Internet-Router waren betroffen. »Vor allem aufgrund des von Edward Snowden veröffentlichten Materials«, schreiben die Geheimdienstveteranen, »können wir ein vollständiges Abbild des ausgedehnten inländischen Datenerfassungsnetzes der NSA liefern.« Sie wissen jetzt: Alle Daten, die vom Parteivorstand der Demokratischen Partei, von Hillary Clinton oder irgendeinem anderen Server in den USA verschickt werden, »werden von der NSA gesammelt«. Dann erklären sie präzise, wie technologisch E-Mails in Pakete gepackt und wieder entpackt werden, wie und mit welchen anderen Ländern die USA in der Datenerfassung zusammenarbeiten, und kommen zu dem Schluss, »angesichts dessen, was wir über die bestehenden Fähigkeiten der NSA wissen, ist es völlig unglaubwürdig, dass die NSA nicht in der Lage wäre, jeden – ob Russe oder nicht – zu identifizieren, der versuchen würde, durch Hacking in eine Wahl einzugreifen«.

Das sagen nicht nur die vernünftigen Geheimdienstleute. Im Interview mit dem *Deutschlandfunk* begutachtet Peter Welchering die gemeinsame Untersuchung von CIA, FBI und Heimatschutz zu den russischen Hacker-angriffen.[137] Die Art der Angriffe, von denen die drei großen Dienste berichteten, gehören laut Welchering »zum Standard der Hacker«, zu Putins Befehl gäbe es nur anonymisierte mündliche Aussagen, keine Belege, und zu den Hacker-Angriffen, um die es ja ging, seien die Aussagen »sehr dünn«. Trollfabriken und *Social Bots* seien am Werk gewesen, in wessen Auftrag sei nicht nachgewiesen, aber zu Hackern gäbe es »keine Indizien und keine Beweise«.

Es gibt also keine Beweise, dafür – Lebenserfahrung! Vor dem Auswärtigen Ausschuss des Bundestages informierten in einem als geheim eingestuften Tages-ordnungspunkt der Präsident des Bundesnachrichten-dienstes, Bruno Kahl, und der Präsident des Verfas-sungsschutzes, Hans-Georg Maaßen, dass die Spuren der Cyberangriffe auf die US-Präsidentschaftswahlen und die zu den Bundestagswahlen möglichen Angriffe in Richtung des russischen Präsidenten wiesen. Beide Chef-Nachrichtendienstler waren sich einig: »Auch, wenn wir es nicht beweisen können, spricht die Le-benserfahrung dafür, dass die Anweisungen von Putin erteilt worden sind.« Wozu brauchen die Schnüffler all ihre monströse Abhör- und Überwachungstechnik, wenn letztlich doch die Lebenserfahrung die eigentliche Quelle ihrer (Un-)Kenntnisse ist?

Sehr dünn ist auch die Beweislage zu dem Aufreger, die Russen wollen unsere Bundestagswahlen in ihrem Sinn beeinflussen; umso größer die Geschütze, die gegen den Kreml aufgefahren werden. In der Online-Ausgabe der *Zeit* (15. Februar 2017) behaupten allen Ernstes Simon Vaut, Redenschreiber im Auswärtigen Amt und vorher Referent der SPD-Bundestagsfraktion, und Jörg Forbrig, Programmdirektor und Osteuropa-Experte bei der Mutter aller Transatlantischen Netzwerke, dem *German Marshall Fund*, »dem Kreml biete sich mit der anstehenden Bundestagswahl eine Gelegenheit, die deutsche Politik im Inneren so durcheinanderzuwirbeln, dass Deutschlands äußere Fähigkeit beschädigt wird, eine gemeinsame und werteorientierte Politik des Westens zu gestalten – gegenüber Russland und allgemein«.[138] Dem Kreml wird viel zugetraut: Er sei in der Lage, die Wahl der stärksten Macht der Welt zu manipulieren, und der stärksten Macht in der EU könne er die Politik chaotisieren. Vielleicht doch etwas viel der subversiven Ehre?

Vor einem Jahr schon berichteten die Medien, so auch die *Tagesschau* (18. Februar 2016), über Desinformationskampagnen der Russischen Föderation in Deutschland. Ihre wirkmächtige Realität ginge aus Berichten des Auswärtigen Dienstes der EU hervor. »Vor allem osteuropäische Regierungen behaupten, dass Moskaus Staatsmedien gezielt eingesetzt würden, um Zwietracht unter den ohnehin zerstrittenen Europäern zu säen.«[139] Fast ein Jahr später rechnet die EU immer noch mit einer mittlerweile »intensivierten russischen Deformationskampagne gegen Bundeskanzlerin Merkel«[140]. Nun haben der Bundesnachrichtendienst (BND) und der Verfassungsschutz ein Jahr lang ermittelt, ob Russland tatsächlich Fake-News-Kampagnen gegen die Bundesregierung steuert. Das Ergebnis: »Wir haben keine Smoking Gun gefunden.« Das Kanzleramt hat dennoch angeordnet, die Sache weiter zu verfolgen. Freisprechen wollen die Dienste Russland nicht, die Berichterstattung seiner deutschsprachigen Medien wie *RT Deutsch* und *Sputnik News* sei regelrecht »feindselig«. Diese Einzelheiten aus dem Bericht von Bundesnachrichtendienst und Verfassungsschutz hat das Rechercheteam von WDR, NDR und *Süddeutscher Zeitung* herausgefunden. Und auch das: »Die Verantwortung für solche Beeinflussungsversuche«, von denen ja gerade festgestellt worden ist, dass sie nicht nachzuweisen sind, also: Die Verantwortung für nicht nachzuweisende Beeinflussungsversuche »sehen die deutschen Geheimdienste direkt in der Präsidialadministration des Kreml«. Die Geheimdienste hätten ja so gern etwas in die Hand bekommen und an die große Glocke gehängt. »Doch angesichts fehlender Beweise sei eine Veröffentlichung des 50-seitigen Geheimpapiers nicht sinnvoll.« Die geheimen Dienste blamieren sich nicht gern. Außerdem mag man nach nur einem Jahr Recherche nicht schon alle Hoffnung aufgeben, doch noch etwas zu finden. Die Nicht- Veröffentlichung allerdings damit zu begründen, dies »hätte das ohnehin angespannte Verhältnis zu Russland nur noch weiter belastet,« ist krude.[141] Das Ergebnis würde die Beziehungen entlasten von Unterstellungen und Misstrauen. Statt sich verschwurbelt herauszureden, sollten die Geheimdienste besser geradeheraus sagen: Für unsere psychologische Kriegsführung brauchen wir den russischen Feind. Sollte es ihn nicht geben, verraten wir das nicht und streuen weiter Gerüchte.

Kapitel 5

Russland ist nicht allein

Im August 1991 machte sich eine größere Gruppe von Friedensbewegten und Linken mit der Bahn auf den Weg nach Moskau, um am Kongress der einst in Westeuropa starken Bewegung der Atomwaffengegner teilzunehmen. Einige von ihnen wollten sich zudem im ZK der KPdSU über die aktuelle Lage in der Sowjetunion informieren. Viktor Rykin, stellvertretender Abteilungsleiter im internationalen Bereich der Partei, empfing die deutschen Gäste herzlich und in vorzüglichem Deutsch. Sein Fazit: Die Partei hat die Lage unter Kontrolle. Sie ist mit ihren 15 Millionen Mitgliedern nach wie vor sehr stark und einflussreich. Das Parteiprogramm sei den neuen Bedingungen der Perestroika angepasst worden. Das Referendum zum Fortbestand der Union der Sozialistischen Sowjetrepubliken »in reformierter Form« vom März jenes Jahres hätte mit über 75 Prozent Ja-Stimmen ein klares Bekenntnis des Volkes für die UdSSR gebracht.

Auf der Rückfahrt nach Deutschland hörte die Gruppe von dem Putsch hochrangiger Funktionäre gegen Gorbatschow, aus dem Boris Jelzin als lachender Dritter hervorgehen sollte. In einem Staatsstreich leitete er zusammen mit den Präsidenten von Belarus und der Ukraine das Ende der Sowjetunion ein. Als Erstes verbot er in Anwesenheit ihres Generalsekretärs, Michail Gorbatschow, die Kommunistische Partei und demütigte seinen alten Rivalen vor laufenden Kameras. Der Westen jubelte. Es begann der große Russland-Ausverkauf. Als die Duma und das russische Verfassungsgericht diesen Kurs stoppen wollten, ließ Jelzin im Oktober 1993 das Parlament beschießen und erstürmen und verkündete – verfassungswidrig – den Notstand. Der Westen jubelte wieder. Für Bill Clinton, seinerzeit US-Präsident, war Jelzin ein Mann mit »echter Hingabe an Freiheit und Demokratie, echter Hingabe an Reformen«. Und für die *Washington Post* war der Sturm auf das Parlament »Ein Sieg der Demokratie«.

Bis das geschah, hatte die Reisegruppe Moskau längst verlassen. Viele von ihnen, namentlich Westdeutsche, waren damals zum ersten Mal in der russischen Metropole gewesen und beeindruckt von der Größe der Stadt, dem reichen und preisgünstigen Kulturangebot, von der Metro, dem Kreml. Die meisten Ostdeutschen hingegen hatten schon häufiger das große Freundesland besucht, dort gelebt, gearbeitet, gelehrt oder gelernt. Auch der Autor hatte als westdeutscher Kommunist 1980 ein Jahr in Moskau studiert. Sie konnten vergleichen, und sie waren irritiert. Das Treiben auf den Straßen und den großzügig angelegten Plätzen schien wie früher lebhaft und geschäftig. Nur irgendetwas fehlte. Die großherzige Gelassenheit und Gastfreundschaft, sie wurde von den Alltagssorgen erdrückt. Unsicherheit und Angst, den Arbeitsplatz zu verlieren, hatten sich mit an den Küchentisch gesetzt. Der Stern der Perestroika war gesunken, die Hoffnung auf eine Wende zum Besseren verblasst. Entsprechend sah die Stadt aus: Viele Häuser zu lange nicht renoviert, schmuddelig die Straßen, einst regelmäßig gekehrt und mit großen Sprengwagen frisch gehalten. In den nach wie vor staatlich oder kooperativ geleiteten Läden herrschte gähnende Leere, sie waren zu »Nudelburgen« geworden. Butter, Fleisch, Fisch blieben Bückware. Das üppige Angebot der Kolchosmärkte konnten sich die Leute nur zu Festtagen leisten. Viele Moskauer erinnerten sich an andere Krisenzeiten. Selbst wenige Jahre nach dem Krieg waren die Ladenregale mit allem Notwendigen gefüllt. Moskau und andere Großstädte wurden zwar privilegiert beliefert, auch waren die Löhne und Gehälter gering, aber es ging aufwärts, die Menschen konnten sich schon etwas leisten. Und sie waren stolz auf den Sieg über Hitlerdeutschland. Das war ein gutes Lebensgefühl. Jetzt aber war die Armut sichtbar, Bettler am Straßenrand, und Babuschkas mit akademischer Bildung und besserer Vergangenheit hielten auf dem Bürgersteig das Familienporzellan feil. Die große Mehrheit der Bevölkerung war schockiert und ohnmächtig zugleich.

Daneben begannen die neuen Reichen aus den Tiefen der Sowjetunion aufzutauchen. Sie hatten die Gunst der Stunde fix und clever genutzt und zeigten ihren Reichtum, schamloser als in München. Was früher peinlich und verpönt war, wurde jetzt Mode. Oft waren Partei- und Komsomol-Funktionäre unter den Gecken, wie etwa der junge Michail Chodorkowski.

War das die Schuld von Gorbatschow? Hatte er den

Sozialismus verraten? Hatte er die Lobhudeleien seiner Umgebung und seiner Partner im Westen für bare Münze genommen? Oder konnte er lediglich einer Zeit, die Giganten erfordert hätte, nicht gerecht werden? Es soll an dieser Stelle nicht versucht werden, das Phänomen Gorbatschow auszuleuchten. Nur so viel: Von Verrat kann wohl nicht die Rede sein. Gorbatschow wurde nicht Herr der Lage und entfernte sich immer mehr von den proklamierten demokratischen und sozialistischen Leitlinien. Wer die Wirtschaft eines so riesigen Landes grundlegend umgestalten will, braucht einen guten Plan, das Vertrauen ganz vieler Menschen, Organisationen, regionale Gliederungen weit über die eigene Partei hinaus; er muss nachdrücklich Platz schaffen für neues Denken und neue Strukturen. Große Veränderungen können nur Schritt für Schritt erfolgen und nicht in einer voluntaristischen Beschleunigung oder dem einen großen Sprung. In seinen letzten Jahren als Präsident war Michail Gorbatschow nicht mehr ernst genommen worden. Er galt als Schwätzer, und er ließ sich von seinen westlichen Partnern blenden. Sein Nachfolger Jelzin betrieb bewusst eine prowestliche Politik und begann, alles Sowjetische zu tilgen. Beide hatten sie gedacht, sie würden die Regeln des Machtspiels kennen und könnten sie zu ihren Gunsten anwenden. Das war eine Illusion, die den Russländern teuer zu stehen gekommen ist. Valentin Fjodorow, stellvertretender Direktor des Europa-Instituts der Russischen Akademie der Wissenschaften, schrieb am 11. Juli 2016 rückblickend: »Bis heute ist der gewaltige geopolitische Schaden nicht ausreichend eingeschätzt, den der Abzug unserer Truppen vom Territorium der BRD Russland zugefügt hat. Der übereilte Abzug der russischen Truppen war durch nichts gerechtfertigt. Und wie antwortet der Westen? Die amerikanischen Truppen sind nach wie vor in Deutschland stationiert, sogar mit den Kernwaffen, die man jetzt modernisiert ... Moskaus naiver Glaube, der Westen würde den kardinalen einseitigen Zugeständnissen mit Dankbarkeit entgegenkommen, hat die Prüfung der Zeit nicht bestanden.«[142]

Auf die Perestroika folgten in Russland die Schock-Reformen von Privatisierung ohne Regeln und Legitimität, Aufhebung der Preisbindung ohne soziales Netz und Zerschlagung gesellschaftlicher Strukturen, ohne neue zu schaffen. Sie sind verbunden mit den Namen von Wirtschaftsminister Jegor Gaidar, Präsident Boris Jelzin und Ministerpräsident Viktor Tschernomyrdin. Der Große Sprung in die Marktwirtschaft, die Privatisierung nach USA- und IWF-Rezepten, brachte keine neue Ordnung hervor, sondern zerstörte nur die alte, und die vielen Berater aus dem Westen taten sich beim Leichenschmaus gütlich. Wenn man heute nach Gorbatschow und Jelzin fragt, winken die Leute nur ab. Besonders für Jelzin schämt man sich, für seine arrogante Inkompetenz, für seine schwankenden Tänzchen, etwa in Berlin beim Festakt zum Abzug der Truppen der Roten Armee – und dass man ihn zugelassen hat.

1998 war das Produktionsvolumen im Vergleich zu 1990 auf 42 Prozent gesunken, das Bruttoinlandsprodukt auf 56 Prozent. Über 80 Prozent der Landwirtschaftsbetriebe schrieben rote Zahlen, und weit über die Hälfte der Nahrungsgüter mussten importiert werden. Das Durchschnittseinkommen war im Sturzflug um zwei Drittel gefallen – für diejenigen, die Erwerbsarbeit hatten. Viele Betriebe zahlten den Lohn in Form ihrer Produkte. Millionen Bürgerinnen und Bürger erhielten weder Lohn noch Rentenbezüge.

Die Regierung brauchte ständig Geld; Geld für Lebensmittel, Staatsbedienstete, Zinsen. Die Auslandsschulden waren auf über 145 Milliarden Dollar angestiegen. Das frische Geld, das der Staat auf dem Kapitalmarkt schon nicht mehr bekam, besorgten die Oligarchen. Sie wurden zur Stütze des Systems und bedienten sich schamlos, einschließlich der »Familie« um die Präsidententochter. Das Volk traute dem Staat nicht mehr. Russland lief Gefahr, ein *Failed State* zu werden.

Wenn es so etwas wie einen Zenit des Niedergangs gibt, dann war er 1998 erreicht. Die Finanzen kollabierten. Gehälter und Renten blieben aus. Russland musste seine Zahlungsunfähigkeit erklären. Der Jungstarpolitiker Kirilenko, gerade erst vom Präsidenten zum Regierungschef gemacht, war völlig überfordert. Präsident Jelzin verlor endgültig die Übersicht. Aus der Duma wurde er gedrängt, den beliebten Außenminister und ehemaligen Chef des Auslandsgeheimdienstes, Jewgeni Primakow, zum Regierungschef zu machen. Der bildete eine, im Vergleich zu den raubkapitalistischen Vorgängern, eher linke Regierung aus Vertretern anderer Parteien und Fachleuten. Er wandte sich dem Naheliegenden zu, der Zusammenarbeit mit den GUS-Staaten und den asiatischen Anrainern Indien und China. Im Vertrag der *Shanghaier Five*, China, Russland, Kasachstan, Tadschikistan und Kirgistan, konnten Regelungen für eine Grenze von über 7.000 Kilometern erreicht werden, an der es in der Vergangenheit Konflikte bis hin zu Kriegen gegeben hatte, etwa am Ussuri zwischen China und der Sowjetunion. Die Teilnehmer an den Grenzverhandlungen blieben in Kontakt, um eine neue kooperative Ordnung zu befördern. Das war die Keimzelle der SOZ, der *Shanghaier Organisation für Zusammenarbeit*, auf die an anderer Stelle eingegangen wird.

Auf Druck der Oligarchen und der USA feuerte Jelzin 1999 Primakow nach nur acht Monaten im Amt und ernannte Wladimir Putin zum Ministerpräsidenten. Er sollte die Macht der Oligarchen in der Nach-Jelzin-Zeit absichern. Dafür sollte vor allem der einflussreiche Wirtschaftsmagnat Beresowski sorgen, der zur »Familie« gehörte und mit der Präsidententochter Tatjana die Strippen zog. Schon im Wahlkampf 1996 hatte er die »Sieben-Bankiers-Bande«, die »Semibankirschina«, initiiert, einen Zusammenschluss von Oligarchen, die mit viel Geld und allen möglichen und unmöglichen Maßnahmen Boris Jelzin von seinen anfänglichen Vier-Prozent-Umfragewerten noch einmal ins Präsidentenamt hievten. Im folgenden Wahlkampf organisierte die »Semibankirschina« großzügig den Wahlkampf für die neugeschaffene Kremlpartei *Einheitliches Russland*. Die landete auf Anhieb ganz vorn kurz hinter der Kommunistischen Partei. Zum Jahreswechsel 1999 zu 2000 wurde Putin als Regierungschef von Jelzin zum

Interimspräsidenten bestimmt und am 26. März 2000 als Präsident mit 53 Prozent gewählt. Eine gigantische Aufgabe stand vor ihm. »Putin hatte ein Land mit leeren Staatskassen, funktionsunfähigem Staatsapparat, existenzbedrohter Wirtschaft, unausgereifter Marktwirtschaft, eskalierenden Clankämpfen um die Kontrolle der wichtigsten Industriezweige, mit brachliegendem Sozialsystem, separatistischen Tendenzen mit gefährlicher Sprengkraft, ausufernder Korruption, überdimensionaler Kriminalität und äußerst schwacher Stellung im Koordinatensystem der internationalen Beziehungen geerbt.«[143]

Aus Sicht Wladimir Putins unterschied sich das Amt des Präsidenten von einer Marionette der Oligarchen. Er wollte russische Staatlichkeit gegenüber den Privatinteressen der Magnaten wiederherstellen und ihnen in einem starken Staat einen gewissen Rahmen setzen für ihren Einfluss und ihre Macht. Kurz nach seiner Wahl lud er die Wirtschaftsfürsten in den Kreml ein und machte ihnen klar: Sie hätten sich nicht in die Politik einzumischen, sondern sich in ihrer wirtschaftlichen Tätigkeit auf für Russland wichtige Projekte zu konzentrieren. Wer sich nicht daran hielt, bekam Schwierigkeiten, ganz erhebliche. Das betraf auch drei aus der Bande der sieben Bankiers. Boris Beresowski, reich geworden in den Sektoren Banken, Medien, Energie, probte rasch den Aufstand gegen Putin und fand sich schnell im Exil in Großbritannien wieder. Seine Scheidung wurde zur teuersten, die es dort je gegeben hatte: 100 Millionen Pfund bekam seine Ex-Gattin zugesprochen, das zeigt, Beresowski hatte ein riesiges Vermögen ins Ausland transferieren können. Der Name von Wladimir Gussinski, ebenfalls ein superreicher Bankier und Medienmogul, ist hierzulande untrennbar verbunden mit dem Adjektiv: kremlkritisch. Die russische Seite sagt, er habe mit einer Steuerschuld von über 300 Millionen Dollar ungeschoren davonkommen wollen. Er ist über Spanien und Griechenland nach Israel geflohen. Dort ist ein großer Teil der jüdischen Bevölkerung inzwischen russisch-stämmig, Gussinski ist innerhalb weniger Jahre zu einem der wichtigsten Medienmacher Israels aufgestiegen. Michail Chodorkowski war einst der reichste Mann Russlands mit einem geschätzten Vermögen von 40 Milliarden Dollar. Als Chef des Ölkonzerns Jukos wollte er US-amerikanischen Multis Zugriff auf die Energieressourcen Russlands verkaufen. Das ist nach russischem Recht illegal. Zugleich hatte er Großes in der Politik vor. Nach einer zehnjährigen Haft ließ der Kreml ihn 2014 in die Schweiz ausreisen.[144]

Die allermeisten Oligarchen aber haben sich mit der Macht arrangiert und engagieren sich, neben ihren eigentlichen Geschäften, in kremlgenehmen Projekten in Wirtschaft, Sozialem, Wissenschaft oder Sport, siehe die Olympiade in Sotschi. Einige Oligarchen verkauften ihre Konzerne zurück an den Staat wie Roman Abramowitsch, früher Weggefährte von Beresowski und Chodorkowski. So oder so wurde die Zerschlagung der Staatsmonopole gestoppt, die Wirtschaft in den strategischen Schlüsselbereichen, wie Energie, Rüstung und Transport/Infrastruktur, unter staatlicher Leitung wieder zentralisiert. »Das Fenster des Ausverkaufs russischer Interessen wie zur Jelzin-Zeit hat sich unter Putin fest geschlossen.«[145]

Die Krise 2008 bis 2010 stellte Russland vor gewaltige Probleme. Das Bruttoinlandsprodukt sank um 10,9 Prozent. Abstriche wurden gemacht bei den Plänen zur Modernisierung der Industrie (minus eine Billion Dollar) und der Wissenschaften (minus 100 Milliarden Dollar).[146] Russland hat einen Stabilitätsfonds. Er speist sich aus dem Überschuss der tatsächlich erwirtschafteten Einkommen aus dem Erdöl- und Erdgasgeschäft und der im Staatshaushalt geplanten Summe von 40 Dollar pro Barrel. Über die Jahre hatten sich stattliche Summen angesammelt, sie können, wenn es eng wird, für Ausgleichszahlungen verwendet werden. In der Krise verlor der russische Staat circa 40 Milliarden Dollar Anlagevermögen in den USA und durch Kapitalflucht zusätzliche 230 Milliarden Dollar. Alexander Rahr beschreibt in seinem Buch *Der kalte Freund*, wie Russland mit dieser Weltkrise umgegangen ist: Ein Viertel des Stabilitätsfonds (200 Milliarden Dollar) wurde für die Rettung angeschlagener Banken und Industriekombinate aufgewendet. Im Inneren wurden kaum Abstriche an sozialen Projekten gemacht. Milliarden aus dem Petro-Dollar-Stabilitätsfonds flossen in die Gesundheitsreform, soziale Wohnungsbauprojekte und die Modernisierung von Bildungseinrichtungen. Russland hat in dieser Zeit auch noch den Rest seiner Auslandsschulden bezahlt.

Im Dezember 2011 kam es zu den größten Demonstrationen seit fast zwanzig Jahren. Zehntausende demonstrierten in Moskau und St. Petersburg, Demonstrationen gab es auch in anderen Städten. Der Auslöser waren tatsächliche oder vermeintliche Wahlfälschungen bei den Duma-Wahlen im Dezember. Doch unter dieser Oberfläche hatte sich eine Unzufriedenheit angesammelt, die nicht mit den Demonstrierenden verschwand, als sie die Straße wieder den Autos überließen. Es wächst der Unmut vieler, namentlich junger Leute über ihre soziale Lage. Sie finden kaum oder gar nicht Stellen, die ihrer Ausbildung und ihren Wünschen entsprechen. Vielleicht deuten sich hier gleichgerichtete Probleme wie im Westen und vor allem Süden EU-Europas an? In Russland erwarten in absehbarer Zeit Millionen von Hochschulabsolventen qualifizierte Arbeitsplätze. Mit einer einseitigen Ressourcen-Wirtschaft wird das nicht gelingen, so wichtig der Riesenbesitz an Naturreichtümern für das Land auch ist. Eine weitere Parallele zu jungen Leuten in Ländern der EU könnte darin bestehen, dass auch unter der russländischen Jugend das Geschichtsbewusstsein bröckelt; selbst die jüngere Vergangenheit aus Sowjetunion, Großem Vaterländischen Krieg, der Jelzin-Zeit ist im kollektiven Gedächtnis der jüngeren Generation wenig präsent. Das hinterlässt eine Leerstelle, die schlimmstenfalls mit großrussischem Dünkel gefüllt werden kann, wenigstens aber konkret-historische Maßstäbe zur Beurteilung der eigenen Entwicklungsmöglichkeiten vermissen lässt.

Für Ärger in der Bevölkerung sorgen Korruption, Machtmissbrauch, Verquickung von Beamtenapparat und Funktionsträgern mit der Privatwirtschaft, um Vorteile oder Monopolstellungen zu erreichen, Vetternwirtschaft, Behinderung kreativer, unternehmerischer Tätigkeit von Klein- und Mittelbetrieben durch korrupte Beamte, ungenügende Durchsetzung getroffener Entscheidungen, etwa beim Anti-Korruptionsgesetz, ernste Mängel im Gesundheitswesen, gravierende Probleme der kommunalen und Wohnungswirtschaft, die vor allem die Wohnungseigentümer, und das ist die große Mehrheit der Bevölkerung, auf die Palme bringen.

In den strategischen Debatten in Russland zu den eigenen Entwicklungsperspektiven und ihren Defiziten spielt die Modernisierung beziehungsweise ihre Abwesenheit eine große, vielleicht die größte Rolle. In seiner Rede vor dem Parlament am 1. Dezember 2016 sprach Wladimir Putin erstmals offen aus, dass die Wirtschaftsprobleme und die schleppende Modernisierung zwar auch auf äußere Faktoren wie die Sanktionen oder sinkende Erdölpreise zurückzuführen, aber im Kern doch hausgemacht seien. Es fehle Kapital, technologisches Knowhow, qualifiziertes Personal. Der unternehmerische Wettbewerb sei unterentwickelt, der Markt verzerrt. Der Präsident der Akademie für Militärwissenschaft, Armeegeneral Mahmut Garejew, einer der Ratgeber im Kreml, konstatiert: »Russland läuft Gefahr, sich in ein Rohstoffanhängsel des Westens und Chinas zu verwandeln.« So seien Sicherheit und Eigenständigkeit des Landes nicht zu verwirklichen. Russland müsse eine Wende zur Durchsetzung einer hochintensiven Innovationswirtschaft durchsetzen.[147] Wie weit der

Weg bis dahin noch sein wird, zeigt ein Vergleich der Patentanmeldungen. Im Jahr 2015 wurden in Russland 788 Patente angemeldet, in den USA 65.754, in Japan 50.597, in Deutschland 31.670, in China 31.504, in Südkorea 18.215.[148]

Mit abnehmender Tendenz zwar, aber immer noch entfaltet die Außenpolitik im Ergebnis der feindseligen Politik des Westens einige Bindekraft in der russischen Gesellschaft, hinzu kommen einige spektakuläre Aktionen, die das Selbstbewusstsein stärken. Die russische Initiative zur Vernichtung der syrischen Chemiewaffen hat 2013 in letzter Minute einen großen Krieg im Nahen und Mittleren Osten verhindert und das Image Russlands als eigenständiger internationaler Kraft gestärkt. Trotz propagandistischer Trommelfeuer zur russisch-syrischen Kriegsführung gegen den IS dringt langsam ins Bewusstsein einer politischen Öffentlichkeit, dass Russland dadurch zunächst die unmittelbaren Konfliktparteien und möglicherweise 2017 dann in Genf unter dem Dach der UNO die mittelbaren Konfliktparteien des Syrienkriegs an den Verhandlungstisch gebracht hat. Respekt wird der russischen Regierung entgegengebracht wegen des Asyls für den Whistleblower Edward Snowden. Und ein verblüffender Coup war die Antwort auf die Ausweisung von 35 russischen Diplomaten und ihren Angehörigen aus den USA Anfang 2017, die angeblich mit Cyberattacken gegen die Demokratische Partei bei der US-Präsidentschaftswahl zu tun gehabt hätten. Es folgte nicht das übliche Auge um Auge, vielmehr erhielten die Kinder der US-Diplomaten eine Einladung zum russischen Weihnachtsfest in den Kreml.[149]

Die Duma-Wahlen am 18. September 2016 machten zweierlei deutlich: Probleme der russischen Gesellschaft und Probleme der deutschen Leitmedien mit eben jener russischen Gesellschaft.[150] Das Wahlergebnis: 76 Prozent der Mandate für Einiges Russland, 9,3 Prozent für die Kommunistische Partei der Russischen Föderation (KPRF), 8,7 Prozent der Sitze für Schirinowskis Rechtspartei Liberaldemokratische Partei Russlands (LDPR), 5 Prozent für das sozialdemokratische Gerechte Russland, drei Einzelbewerber konnten sich durchsetzen.[151] Alles in allem ein haushoher Sieg der Partei an der Macht bei der für russische Verhältnisse historisch niedrigsten Wahlbeteiligung von 47,8 Prozent; in Moskau, Petersburg und einigen anderen Großstädten sogar nur um die 30 Prozent. Das offenbart eine Kluft zwischen Politik und Wählern. Die Übermacht der Regierungspartei kann zu einem eigenen Fallstrick werden, wenn sie die Mehrheitsverhältnisse im Parlament mit denen in der Bevölkerung verwechselt. Was die Stärke der rechten Nationalisten betrifft, ist Russland sozusagen in der europäischen Normalität angekommen. Schirinowski und seine LDPR sind durchaus vergleichbar mit Wilders in den Niederlanden, der AfD in Deutschland, Le Pen in Frankreich und ähnlichen Parteien in Osteuropa. Die Flüchtlingsfrage spielt auch in Russland eine erhebliche Rolle, allerdings nicht in Form von real geflüchteten Ukrainern, von denen es viele gibt, sondern in imaginärer Angst vor Flüchtlingen aus arabischen oder asiatischen Ländern. Tschetschenien, der Kaukasus-Konflikt, ist noch immer eine offene Wunde und die Angst, dass bewaffnete Auseinandersetzungen wieder aufflammen könnten, nicht überwunden.

Putin selbst allerdings und die russische Regierung können dem Westen gar nichts recht machen! Schlägt Präsident Medwedew einmal etwas Vernünftiges vor – sein Aufruf, in Zeiten der wirtschaftlichen Krise möglichst wenig Geld für den Wahlkampf und besser für andere Zwecke auszugeben, ist nicht ganz unvernünftig –, dann wird das zu einem Instrument der Entpolitisierung oder, wie es Stefan Meister von der Deutschen Gesellschaft für Auswärtige Politik (DGAP) – das ist der mit den *Trojanischen Pferden* – in der *Zeit* gastkommentiert: »Teilweise wurde der Eindruck erweckt, dass so wenig Menschen wie möglich überhaupt mitbekommen sollten, dass diese Wahlen stattfinden.«[152] Hinzu kommt eine zweite Enttäuschung: Die als sicher prognostizierten massiven Wahlfälschungen fanden nicht statt. Einige Unregelmäßigkeiten ja, aber die Duma-Wahlen seien im Großen und Ganzen »in einer ordnungsgemäßen Weise« durchgeführt worden, so der finnische OSZE-Gesandte Ilkka Kanerva. Schwere Zeiten für Mainstreammedien und kaffeesatzlesende Politanalysten. Sie mussten andere Brüller zu den Duma-Wahlen (er-)finden. In schrillem Gleichklang wurden sie fündig: »Erdrutschartig«[153] die Machtverschiebung zugunsten der Kreml-Partei Einiges Russland, sie erdrücke alles, die Opposition sei marginalisiert. Alles so ganz anders als bei uns? In Russland entfallen

76 Prozent der Parlamentssitze auf Einiges Russland, im Bundestag 75 Prozent bis September 2017 auf die Große Koalition. Die restlichen 25 Prozent teilen sich Linke und Grüne. Hier wie dort erschwert eine so große Regierungsmehrheit die Arbeit der parlamentarischen Opposition erheblich, aber nur in Russland zeugt sie von der generellen Abwesenheit von Opposition. Schon vor den Wahlen widmete die *Süddeutsche* dieser Leerstelle ihre Seite drei unter der Überschrift »Last Man Standing. Keine Opposition in Russland – fast«[154]. Im Mittelpunkt Wladimir Kara-Mursa, in Russland Repräsentant der Michail-Chodorkowski-Stiftung »Offenes Russland«, die für die Duma-Wahl 25 Einzelkandidaten ausgewählt, geschult und finanziert hat. Sie bilden die »echte« Opposition, während die Minderheitsparteien in der Duma im besten Fall »Kremlparteien« seien. Eine eigenwillige Interpretation von »Opposition« und eines der vielen Muster, wie Russlandphobie zu einer gestörten Wahrnehmung führt. Ein Beispiel: Die KP Russlands ist mindestens so oppositionell wie DIE GRÜNEN im Bundestag: Wie jene teilt sie im Wesentlichen die Außenpolitik der Regierung, innen- und sozialpolitisch gibt es Differenzen; im Unterschied zu den GRÜNEN hat die KP eine gänzlich andere Idee von Gesellschaft als die Regierung. Doch für die SZ (und die Mainstreammedien) ist für Russland der Begriff »Opposition« jenen vorbehalten, die einen brutal raubenden und plündernden Kapitalismus anstreben, wofür wiederum Michail Chodorkowski steht, der diese Art Opposition aus dem Ausland finanziert. Er denkt jetzt darüber nach, Jelzins

Tochter Tatjana zur russischen Präsidentin zu machen. Na, Prost dann!

Michail Chodorkowski unterstützt auch die Partei Jabloko, wirtschaftsliberal und Liebling der deutschen Medien. 2016 scheiterte sie mit nur zwei Prozent an der Fünf-Prozent-Hürde. Sie hatte schon bessere Zeiten erlebt. Doch wie ihre Förderer bleibt auch die Partei im Ansehen der Bevölkerung verbunden mit der mafiösen privaten Bereicherung Weniger am russischen Volkseigentum.

Michail Chodorkowski war im Dezember 2013 aus der Haft entlassen worden, und seine treuen Unterstützer von den GRÜNEN und der Heinrich-Böll-Stiftung waren überglücklich. Marieluise Beck, Bundestagsabgeordnete, »war sehr angerührt, als ich ihn am Tag nach seiner Entlassung treffen konnte«. Sie habe ihn unterstützt, erklärt sie auf ihrer Website, weil er für »eine freie Zivilgesellschaft und politische Pluralität« eintrete und deshalb »mit einem rechtlich unhaltbaren Verfahren vor Gericht landete«.[155] In dem Prozess ging es um Steuerhinterziehung. Der Europäische Gerichtshof für Menschenrechte war zu dem Urteil gekommen, die Anklage sei auf einer korrekten Grundlage erfolgt, der Prozess gegen Chodorkowski sei nicht politisch motiviert, er kritisierte allerdings Verfahrensmängel.[156] Dieser Sachverhalt war der Bundestagsabgeordneten Marieluise Beck bekannt, als sie den Vorwurf von »einem rechtlich unhaltbaren Verfahren« wiederholte. DIE GRÜNEN hatten Chodorkowski auch für den Sacharow-Preis des Europäischen Parlaments 2013 vorgeschlagen. Er bekam ihn zwar nicht, aber der Europaabgeordnete Werner Schulz hielt ihn in seiner Begründung für preiswürdig, weil er für ein Russland eintrete, »dass sich auf die Grundwerte der EU beruft«, »ein Hoffnungsträger der Opposition« sei und sein »Ziel ein modernes, europäisches, friedliches und demokratisches Russland« sei.[157] Chodorkowski selbst hingegen spricht eine andere Sprache. Nach anfänglicher politischer Zurückhaltung vertrat er in einem Interview mit der *Neuen Züricher Zeitung* (NZZ) im Dezember 2014 sehr befremdliche Thesen. »Es kann sein«, so Chodorkowski, »dass Putin bis an sein Lebensende regiert oder es eine Palastrevolte gibt … Aber ein demokratisches Modell, in dem Putin die Macht einem demokratisch gewählten Nachfolger übergibt, sehe ich nicht.«[158] Man mag russische Wahlkämpfe als unfair einstufen, die Wahlbeteiligung als zu niedrig, aber eines kann man als sicher unterstellen, auch, aber nicht allein aufgrund der Wahlergebnisse: »Die von Chodorkowski vertretene prowestliche, wirtschaftsliberale Politik hat in Russland keine demokratische Basis und ist – ähnlich wie beispielsweise der Marxismus-Leninismus in Deutschland – bei demokratischen Wahlen hoffnungslos chancenlos.«[159] Das weiß auch Chodorkowski, deshalb kann aus seiner Sicht Putins Nachfolger »nur dann der reale Machthaber sein, wenn er Putin zerstört, physisch und politisch«. Es bedürfe eines anderen politischen Systems mit weniger Macht für den Zentralstaat und den Präsidenten. Und wieder spricht er es ganz offen aus: »Das zu ändern, wird auf demokratischem Weg nicht gelingen, es braucht

›revolutionäre‹ Maßnahmen.« Für den Ablauf dieser Szenarien hat der Milliardär einen Plan: Die »revolutionären« Maßnahmen könnten unter seiner Führung ergriffen werden, »denn ich bin ein Krisenmanager«. Wenn die bestehenden Strukturen zerschlagen sind, könnte man zu »normaler, demokratischer Politik übergehen«. So kann man einen Putsch auch umschreiben. Nach »freier Zivilgesellschaft und politischer Pluralität«, die DIE GRÜNEN an ihm so loben, klingt das jedenfalls ganz und gar nicht. Auch nicht nach einem Auftakt zu einer Revolution, die Bevölkerung will ja diese ganze Richtung nicht. Es wäre der Staatsstreich einer kleinen Clique unter der Führung eines beschönigend »Krisenmanager« genannten Diktators.[160]

Dieses Putschszenario entspricht dem als »Regime-Change« bezeichneten Austausch der politischen Eliten, den die USA und ihre Verbündeten schon in manchen Teilen der Welt versucht haben. Er beginnt immer mit der Zerstörung des Bestehenden und bringt der Bevölkerung großes Leid. Aus Sicht der Anstifter geht ihre Strategie insofern auf, als Länder und Regionen geschwächt werden. Regime-Change von außen und oben kann zu einem langen und erschöpfenden Krieg führen wie in Afghanistan, Syrien oder auch der Ukraine; sein Ergebnis können, wie im Irak oder Libyen, nur zerfallende Staaten sein, die konkurrierende Banden als ihre Beute zerfleddern. Noch ist kein Land bekannt, in dem der Regime-Change von außen und oben zu stabilen demokratischen Verhältnissen geführt hätte. Auch für Russland streben die US-Strategen und ihre

Verbündeten einen Regime-Change an. Daran arbeiten alle, die es schon in der Ukraine versucht haben; neben den Schwergewichten der *Open Society Foundations* des Multimilliardärs George Soros, Chodorkowskis Stiftung *Offenes Russland* oder das aus US-Steuergeldern finanzierte *National Endowment for Democracy* (NED). Mit dabei sind die ebenfalls aus Steuermitteln finanzierten parteinahen Stiftungen Heinrich-Böll (GRÜNE), Hanns-Seidel (FDP) und Konrad-Adenauer (CDU). Sie alle wissen, dass sie den Regime-Change auf absehbare Zeit in Russland nicht durch einen sanften demokratischen Übergang hinbekommen, und sie alle sind offensichtlich bereit, einen Staatsstreich nicht auszuschließen. Im Nahen und Mittleren Osten haben Regime-Changes von oben und außen einen Flächenbrand entfacht. In Russland würde ein solcher Versuch in einem Weltenbrand enden.

»Russland hat seine Wahl getroffen«, so Wladimir Putin in seiner programmatischen Rede vor dem Waldai-Klub-Forum in Sotschi am 24. Oktober 2014. Das ist ein Forum von 800 prägnanten Persönlichkeiten, die auf ihrem jährlichen Treffen jeweils eine der brennenden Fragen der Weltpolitik diskutieren. »Russland verlangt nicht nach irgendeinem besonderen, außerordentlichen Platz in der Welt. Das möchte ich betonen. Indem wir die Interessen der anderen achten, möchten wir einfach, dass man auch unsere Interessen berücksichtigt und unsere Positionen achtet.« Und in denen steht in der Außenpolitik die Integration oben auf der Tagesordnung. »Diese Tagesordnung ist positiv und friedlich, wir arbeiten aktiv mit unseren Kollegen in der Eurasischen Wirtschaftsunion, der Shanghaier Organisation für Zusammenarbeit, der BRICS und anderen Partnern zusammen. Diese Tagesordnung zielt auf die Entwicklung von Beziehungen der Staaten untereinander und nicht auf Absonderung. Wir haben nicht vor, irgendwelche Blöcke zusammenzuzimmern ...«[161]

Keine Blöcke, aber Zusammenarbeit in Formationen, die ihre je eigenen Strukturen herausbilden. Wladimir Putin hat die wichtigsten genannt: Die Eurasische Wirtschaftsunion (EAWU). Ihr gehören derzeit fünf Staaten an: Kasachstan, Russland, Belarus, Armenien und Kirgistan. Einige weitere Länder sind Beitrittskandidaten. Der EAWU geht es um erleichterten Austausch von Waren, Kapital, Dienstleistungen, Arbeit und um eine gewisse Koordinierung der Wirtschaftspolitiken. Sie schließt auch Freihandelsabkommen mit anderen Ländern ab.

Die Keimzelle der Shanghaier Organisation für Zusammenarbeit (SOZ) war die gemeinsame friedliche Regelung aller Zwistigkeiten an der 7.000 Kilometer langen russländischen Grenze in Zentralasien. Als diese Titanenarbeit erledigt war, hatten die *Shanghai Five* genannten Länder China, Kasachstan, Kirgistan, Russland und Tadschikistan 2001 beschlossen, weiter zusammenzuarbeiten. Aus den fünf sind mittlerweile (viel) mehr geworden. Als Mitglied ist Usbekistan hinzugekommen, Indien und Pakistan befinden sich im Beitrittsprozess. Iran und Bangladesch streben die Vollmitgliedschaft an, einen Beobachterstatus haben die Mongolei, Afghanistan und Belarus; Syrien, Ägypten und Israel haben ihn beantragt. Dialogpartner sind Armenien, Aserbaidschan, Kambodscha, Sri Lanka, Nepal und die Türkei. Sie alle zusammen repräsentieren nahezu die Hälfte der Weltbevölkerung. Ihre Größe verleiht der SOZ Bedeutung, Substanz gewinnt sie durch ihre Arbeit und Ziele.

Eines fällt auf: Die Shanghaier Organisation für Zusammenarbeit hat in ihren Statuten keine regionalen Grenzen für aktuelle und potentielle Mitglieder gezogen, sie bezeichnet sich nicht als zentral-, südost- oder einfach nur so asiatisch, trotzdem finden sich in ihr keine der ehemaligen Kolonialmächte, kein Mitglied der NATO oder der EU. Das mag an dem Selbstverständnis der SOZ liegen. Die SOZ will »zur Errichtung einer neuen demokratischen, gerechten und rationalen politischen und wirtschaftlichen Weltordnung beitragen«[162]. So steht es in ihrer Charta. Die SOZ wendet sich gegen den Export gesellschaftlicher Modelle und eine Politik der doppelten Maßstäbe. Sie setzt sich für die Stärkung der Rolle der UNO und des Völkerrechts ein. Ihre Leitlinien laut Charta sind: »Gegenseitige Achtung der Souveränität, Unabhängigkeit, territorialen Integrität der Staaten und Unverletzlichkeit ihrer Staatsgrenzen, Nichtangriff, Nichtanwendung oder Androhung von Gewalt in internationalen Beziehungen, Verzicht auf einseitige militärische Vormachtstellung in den Grenzgebieten.« Sie unterstützt den Vorschlag Usbekistans für eine atomwaffenfreie Zone in Zentralasien. Sie fordert die Ausarbeitung einer neuen Sicherheitskonzeption, die auf gegenseitigem Vertrauen, gegenseitigem

Vorteil, Gleichberechtigung und Zusammenarbeit basiert. Das wird in der SOZ auch als »Shanghaier Geist« bezeichnet.

Schon die SOZ allein zeugt von einer tektonischen Kräfteverschiebung zwischen den Metropolen des Nordens und der »Peripherie«. Es kommt noch eine zweite hinzu: BRICS. Der Name ist ein Akronym aus den Anfangsbuchstaben der Mitglieder, zunächst Brasilien, Russland, Indien, China, rasch erweitert um Südafrika. Das erste offizielle Treffen ihrer Präsidenten in dieser Runde fand im Mai 2009 im russischen Jekaterinburg statt. In ihrer gemeinsamen Erklärung forderten sie, ihren Ländern mehr Gewicht in internationalen Organisationen, insbesondere im Internationalen Währungsfonds (IWF), zuzusprechen, und sie wandten sich gegen die Versuche des Westens, die Folgen der Krise auf andere Länder abzuwälzen.

Als große Schwellenländer werden die BRICS-Staaten in der weltweiten Arbeitsteilung immer wichtiger. Ihre Eliten streben nach entsprechendem politischen und wirtschaftlichen Einfluss, um ihre Interessen zur Geltung zu bringen. Trotzdem verbleiben sie – allgemein gesprochen – noch im Rahmen vorhandener weltwirtschaftlicher Abhängigkeiten, indem China und Indien Ausfuhrländer für Fertigwaren und Russland und Brasilien Rohstoffexporteure sind.

Unter dem Dach beider, SOZ und BRICS, wachsen beeindruckende Projekte der wirtschaftlichen Kooperation wie Erdöl- und Erdgasleitungen, die Rekonstruktion des indischen Eisenbahnnetzes oder das Seidenstraßenprojekt, mit dem China visionär die alten Handelswege aus dem Reich der Mitte nach Europa und dem Nahen und Mittleren Osten wiederbeleben und zukunftsfest machen will. Diese Projekte, manche größer als ein Menschenleben dauert, werden teils nicht mehr in Dollar, sondern in nationalen Währungen bezahlt. Auch leihen sich die beteiligten Schwellenländer zunehmend Geld in nationalen Währungen. In ersten Schritten beginnen sie, die Fesseln zu lockern, die ihnen die Abhängigkeit von den Dollar-dominierten Finanzmärkten angelegt haben. Diese ersten sind zugleich mutige Schritte. Bekanntlich ist der zweite Golf-Krieg nicht zuletzt von den USA geführt worden, weil der Irak begonnen hatte, sein Öl auch in Euro zu verkaufen.

Nach wie vor nimmt der Dollar die Funktion des Weltgeldes ein, während die USA im Ausland hoch verschuldet sind. Wenn die Regierung klamm wird, kann die US-Notenbank es sich leisten, einfach mehr Dollar zu drucken. Dieser Mechanismus behindert die Entwicklung dieser Schwellenländer. Und Entscheidungen, die die US-Notenbank allein trifft, können schwerwiegende Auswirkungen auf andere Länder haben, etwa wenn sich durch eine Abwertung des Dollar die Exporte in die USA verteuern. Deshalb gibt es Bestrebungen, den Dollar durch eine andere Währung zu ersetzen oder zumindest andere Währungen neben dem Dollar stark zu machen.

Eine gewisse Übereinstimmung zwischen den BRICS-Ländern ergibt sich aus dem spezifischen Charakter des jeweiligen Kapitalismus. In China ist es der Zentralstaat, dessen Stärke und Stabilität es ermöglichte, »über zwei Jahrtausende hinweg einen riesigen Raum zusammenzuhalten« und der heute »als wichtiger ökonomischer Agent immer Zugriffsrechte hat«.[163] Strategisch wichtige Sektoren sind in Staatsbesitz. Auch Russland hat eine gelenkte Marktwirtschaft in eigenen Formen herausgebildet.[164] Und in Brasilien übt der Staat die Kontrolle über die Finanzorgane und den Markt aus, und er ist selbst wirtschaftlich tätig. Das gibt ihm die Mittel für umfangreiche Sozialprogramme, mit deren Hilfe 30 Millionen Menschen aus der Armut herauskamen. Vielleicht wird diese Orientierung Brasiliens nach dem Coup d'État gegen die Linksregierung bald der Vergangenheit angehören. Die verschiedenen Formen von öffentlicher Lenkung oder Beeinflussung der Wirtschaft zeitigen positive Wirkungen. Im »UN-Bericht über die menschliche Entwicklung« für 2013 heißt es, dass die Fortschritte im Osten und Süden auf eine pragmatische Politik zurückzuführen sind, in der Regierungen proaktiv handeln, statt sich von den Marktkräften das Geschehen diktieren zu lassen.

Die BRICS betrachten sich nicht als eine politische Allianz, sondern als Plattform pragmatischer Interaktion, die auf gegenseitiger Achtung und nationaler Souveränität beruht. Sie bilden einen Gegenpol zur anglo-sächsischen Vorherrschaft heraus. Das Gleiche trifft auf die SOZ zu, wobei sich SOZ und BRICS teils überschneiden in Bezug auf ihre Mitglieder wie auch – mit zunehmender Tendenz – ihrer Inhalte. Die BRICS fordern von ihren Treffen nicht nur Demokratisierung und gleiche Repräsentanz bei IWF und Weltbank, sie setzen sich ein für die Stärkung der UNO, des internationalen Rechtes, Abrüstung, kernwaffenfreie Zonen, sie äußern sich zu einzelnen Konflikten, wie zur Zweistaatenlösung für einen Frieden von Israel und Palästina oder einen breiten nationalen Dialog im Syrien-Konflikt.

In der westlichen politischen Öffentlichkeit werden die beiden Zusammenschlüsse der Schwellenländer kleingeredet, als schwach und instabil dargestellt. Rückschläge sind in ihrer Entwicklung tatsächlich nicht ausgeschlossen, wie etwa das Beispiel Brasilien zeigt. Doch es sieht eher danach aus, dass hier eine neue Bewegung der Blockfreien entsteht und dass sich die Kräfteverhältnisse zwischen den »Metropolen« und der »Peripherie« auf mehreren Ebenen verschieben. Die Schwellenländer fordern den Westen militärisch-politisch und wirtschaftlich heraus. In der SOZ sind neben den beiden Veto- und Atommächten Russland und China mit den Neumitgliedern Indien und Pakistan zwei weitere Staaten, die im Besitz von Atomwaffen sind. Aus gemeinsamem Interesse haben die SOZ-Staaten eine regionale Anti-Terror-Struktur als flexible Eingreiftruppe aufgebaut. Die SOZ kann für eine Sicherheitsstruktur in Asien wichtig werden. Die fünf BRICS-Staaten »mit China als Lokomotive der Weltwirtschaft« (Putin) haben seit dem Jahr 2000 ihren Anteil am globalen Reichtum von gut 8 auf über 21 Prozent gesteigert. Bereits heute halten sie 40 Prozent der Weltwährungsreserven. In kaum fünfzehn Jahren sollen sie ein gleich hohes Sozialprodukt wie die führenden sieben Industrieländer der nördlichen Hemisphäre erreichen. Und wenn die Prognosen der Investmentbank Goldman-Sachs zutreffen, wird der Anteil der BRICS am Weltsozialprodukt bis zum Jahr 2050 auf 44 Prozent ansteigen, der der G7 auf 22 Prozent sinken. Die Staatschefs der SOZ haben eine weitreichende »Strategie 2025« verabschiedet. Sie sieht gemeinsame Projekte wie den Bau von Verkehrswegen, Vertiefung der Zusammenarbeit auf dem Energiesektor und den Abbau von Handelshindernissen vor. Der eurasische Raum mit seinem Reichtum an Bodenschätzen hat eine zentrale Bedeutung, politisch und wirtschaftlich. Der Westen wird sich jetzt damit abfinden müssen, dass sich hier die Infrastruktur mit Hilfe chinesischer, russischer und indischer Gelder rasant entwickeln wird. Im Juli 2015 fand in Ufa so etwas wie ein Doppelgipfel statt, erst BRICS, dann SOZ – mit einem spektakulären Ergebnis. Nach vieljährigen Verhandlungen ist die »Neue Entwicklungsbank« der BRICS gegründet worden und ein gemeinsamer Reservefonds. Die Entwicklungsbank hat ein Startkapital von 50 Milliarden Dollar bei einem genehmigten Volumen von 100 Milliarden, der Reservefonds hält 100 Milliarden Dollar. Die Entwicklungsbank unterstützt ehrgeizige Großprojekte, der Reservefonds greift BRICS-Staaten und ihren Partnern unter die Arme, wenn sie mit Währungs- und Zahlungsproblemen in Not geraten. Vielleicht kann er verhindern, dass sich die griechische Tragödie unter der Knute von IWF und Weltbank nicht fortdauernd wiederholen muss. Durch Geld für Entwicklung und Stützung auf eigene Währungen kratzen diese alternativen Finanzinstitutionen die Dollarvorherrschaft an. Der

Westen »hat IWF und Weltbank stets als Instrumente globaler Machtausübung angesehen«, schreibt der Wissenschaftler und Publizist Erhard Crome.[165] Eben dieser ihrer Funktion erteilten die neuen BRICS-Institutionen eine Kampfansage, »die übrigens auch in der Deklaration des Gipfels nachzulesen ist: Es geht um eine multipolare Welt, die auf friedlicher Koexistenz beruht. Das ist etwas anderes als eine westlich dominierte Welt.« Offensichtlich tritt an die Stelle der einen Supermacht USA ein »Konzert von Mächtigen«, das einen Übergang von einer unipolaren in eine multipolare Welt einläuten kann.[166] Und Russland ist dabei. Die USA, Europäische Union und NATO haben Russland quasi zum Staat *non grata*, zum unerwünschten Staat erklärt und ihn wirtschaftlich und politisch zu isolieren versucht. Dieses Ziel haben sie gründlich verfehlt.

Friktionen, Widersprüche, Ungleichgewichte, Asymmetrien wirken in SOZ wie in BRICS. Eine sichere Prognose, welche der in ihnen angelegten Seiten endlich die bestimmende wird, ist nicht möglich. Doch neben wirtschaftlichen und politischen Interessen teilen sie etwas Immaterielles, und das ist nicht zu unterschätzen. Es sind die Erfahrungen mit dem Kolonialismus und Rassismus des Westens, die zugefügten Zerstörungen und Demütigungen, der Volkskampf dagegen, das Wissen, dass übermächtig erscheinende Gegner zu Fall gebracht werden können, wie im antiimperialistischen Befreiungskampf oder im Sieg der Sowjetunion über den Hitlerfaschismus. Diese Grunderfahrungen bleiben noch für eine lange Zeit identitätsstiftend.

Kapitel 6

Russland und der Westen zu Ukraine – Krim – Kosovo – Syrien

Im Winter 2016/2017 war der Krieg mit aller Härte in die Ostukraine zurückgekehrt. Die Beobachter der Organisation für Sicherheit und Zusammenarbeit in Europa (OSZE) meldeten täglich Kämpfe mit schweren Waffen beiderseits der Demarkationslinie zwischen den selbsternannten Volksrepubliken und dem von der Regierung in Kiew kontrollierten Teil des Donbass. Entsprechend der Minsker Vereinbarungen dürfte es in dieser sogenannten grauen Zone keine Soldaten und keine schweren Waffen geben, aber es gibt sie. Und sie werden eingesetzt. Der Friedensprozess erleidet einen Rückschlag, doch die Schuldzuweisung funktioniert immer noch reibungslos. Oder fast reibungslos. Ab und an schleicht sich eine Ausnahme ein. So werden in der *Süddeutschen Zeitung* »Berliner Informationen« wiedergegeben, die sich »auf Berichte der OSZE-Mission in der Ostukraine stützen«, wonach vor allem das ukrainische Militär darum kämpft, den Frontverlauf zu seinen Gunsten zu verschieben. »Dahinter, so vermutet es mancher in der deutschen Administration, könnte auch das Kalkül stecken, die Lage so zu verschärfen, dass Pläne von US-Präsident Donald Trump zur Lockerung der Sanktionen noch gestoppt werden könnten.«[167] Ähnlich äußerte sich der Russland-beauftragte der Bundesregierung, Gernot Erler. »Jetzt haben wir den neuen Präsidenten in den Vereinigten Staaten, da gibt es viel Unruhe in Kiew … Und Kiew ist davon überzeugt, die ukrainische Führung, dass die Sanktionen bleiben müssen, dass der Westen mit Härte Putin gegenübertreten muss in diesem Konflikt und dass nur das zu einem Ergebnis führt. Dazu passt es natürlich dann auch, dass man jetzt nicht unbedingt daran interessiert ist, dass Ruhe herrscht vor Ort.«[168] Das Kalkül geht möglicherweise fürs Erste auf. Die seinerzeit noch ganz frische US-Administration, die ihre Beziehungen zum Kreml verbessern wollte, betont nun, sie werde die US-Sanktionen gegen Russland aufrechterhalten, »bis Russland die Kontrolle über die Halbinsel an die Ukraine zurückgegeben hat«[169]. Derweil bringt der ukrainische Präsident Poroschenko eine Volksabstimmung in seinem Land über einen NATO-Beitritt ins Spiel. Das wird zwar nicht passieren, jedenfalls nicht in nächster Zeit, aber ein »Votum des Volkes« reicht allemal für eine Provokation. Ukraine und Krim sind die Schlagworte zu dem sich in den letzten Jahren dynamisch verschlechternden Verhältnis Deutschlands respektive der EU und Russlands. Am Tag vor seinem Auszug aus dem Auswärtigen Amt veröffentlichte die *Süddeutsche* am 26. Januar 2017 ein Interview mit Frank-Walter Steinmeier, für den die Frage, wer schuld daran sei, völlig unbestritten ist: »Es steht außer Frage, wer den Ukraine-Konflikt zu verantworten hat. Die völkerrechtswidrige Annexion der Krim, die Destabilisierung der Ostukraine gehen auf das Konto

Russlands.«[170] Damit befindet sich der neue Bundespräsident zwar völlig unbestritten im Gleichklang mit den Mainstreammedien. Aber andere kluge Leute beurteilen die Lage anders. Einer von ihnen ist John Mearsheimer, in jungen Jahren Absolvent der Militärakademie von Westpoint, Offizier der US-amerikanischen Luftwaffe, jetzt einer der bekanntesten US-amerikanischen Politikwissenschaftler. »Die Hauptschuld an der Krise tragen die USA und ihre europäischen Verbündeten. An der Wurzel des Konflikts liegt die NATO-Osterweiterung, Kernpunkt einer umfassenden Strategie, die Ukraine aus der russischen Einflusssphäre zu holen und in den Westen einzubinden. Dazu kamen die EU-Osterweiterung und die Unterstützung der Demokratiebewegung in der Ukraine durch den Westen …«[171]

Die Ukraine ist zum Spielball in einem geopolitischen Kräftemessen geworden. Die US-Strategen wollen sie als Bollwerk gegen Russland in Stellung bringen, ihr eigentliches Ziel ist die Schwächung Russlands. Und die deutsche Politik unterscheidet sich davon nur graduell. Als sich im Winter 2013/14 die Auseinandersetzungen in Kiew zuspitzten, unterstrich Angela Merkel noch: »Wir müssen aus dem Entweder-Oder herauskommen«, dass sich ein Land zwischen Russland und der Europäischen Union entscheiden müsse. »Hieran werden wir sicherlich weiter intensiv arbeiten.«[172] Vielleicht war diese weise Überlegung dem Moment geschuldet. Der ukrainische Präsident Janukowitsch hatte gerade das Assoziierungsabkommen mit der EU nicht, mit Russland hingegen ein weitreichendes Abkommen unterschrieben, das auch finanziell für die Ukraine attraktiv war. *Der Spiegel* jedenfalls sah bereits zu jener Zeit einen »Kampf ... zwischen dem russischen Präsidenten Putin und der deutschen Kanzlerin«, bei dem es weniger um Freihandel und Warenaustausch ginge, als darum, »wer es schafft, die früheren Sowjetrepubliken der Region in seinen Einflussbereich zu ziehen. Es geht um Geopolitik, um das ›Grand Design‹, wie es die Experten gern nennen.«[173] Um eines ging und geht es ganz sicher nicht: um die Menschen in der Ukraine.

Im Westen wie im Osten der Ukraine ist die soziale Lage der Menschen und die Ausstattung der öffentlichen Haushalte prekär und instabil. Schon vor dem Krieg war die Ukraine der einzige UdSSR-Nachfolgestaat mit einem niedrigeren Pro-Kopf-Einkommen als 1991, und keiner der anderen hat so viel Unterstützung erhalten wie sie. »Der IWF, die EU sowie einzelne Länder haben zwischen 1991 und 2013 über 30 Milliarden US-Dollar an Zuschüssen und Krediten zur Verfügung gestellt. Russland hat seit 1991 bis zu 300 Milliarden US-Dollar an Gaspreisermäßigungen gewährt. Ein großer Teil der genannten Hilfen ist bei korrupten Oligarchen und Politikern gelandet.«[174] Der Westen hat mit seiner Assoziierungspolitik Erwartungen geweckt, die er nicht erfüllen kann. Nun haben die Niederländer den Assoziierungsvertrag in ihrer Volksabstimmung ohnehin abgelehnt, er ist damit als Ganzes null und nichtig. Damit sind aber die Erwartungen und Hoffnungen der Menschen in der Ukraine nicht gleichfalls gelöscht.

Die Ukraine ist ein zerrissenes Land mit einer wechselvollen Geschichte. Dazu eine Anekdote: Vor einigen Jahren feierte in einem kleinen Dorf im Westen der Ukraine ein Mann seinen hundertsten Geburtstag, für das Dorf eine aufregende Sache und das Lokalblatt eine Story. Natürlich fragt der junge Reporter den Jubilar zuerst nach seinem Lebensweg. Der seufzt und antwortet: »Geboren bin ich in Österreich-Ungarn, dort habe ich auch gedient im Ersten Weltkrieg, meine Kinder sind in Polen geboren, meine Enkel sind in der Sowjetunion zur Schule gegangen und haben dort auch ihren Universitätsabschluss gemacht, und nun gehen meine Urenkel auf eine ukrainische Schule unweit von hier.« Der junge Mann ist sichtlich beeindruckt: »Sie hatten ja ein wirklich spannendes Leben! So viel, wie Sie in der Welt herumgekommen sind!« Darauf der Hundertjährige sichtlich verwundert: »Wo denken Sie hin? Ich habe nie woanders gewohnt als hier!« Die Anekdote gibt nicht wissenschaftlich exakt den konkreten Geschichtsverlauf wieder, aber sie trifft den Kern der wechselnden Zuordnungen dieses Landstrichs zu großen Reichen nebenan. Im Inneren ist die Ukraine seit jeher deutlich Ost-West-gespalten. Sprachlich überwiegt im Osten und Süden das Russische, von der Mitte an nach Westen das Ukrainische. Die Dominanz der Sprachen markiert zugleich eine Kirchenspaltung mit der russisch-orthodoxen Kirche auf der einen und der ukrainisch-orthodoxen auf der anderen Seite. Schon als die Demonstrationen auf dem Maidan begannen, zeigte sich, dass in dieser latenten kulturellen auch eine politische Spaltung angelegt ist. Die Proteste fanden im Westen die Unterstützung von 80 Prozent der Befragten, im Osten von 30 und im Süden lediglich von 20 Prozent.[175]

Wir wollen an dieser Stelle nicht den Ukrainekonflikt in seiner Gesamtheit nachzeichnen und analysieren. Hier ist nur wichtig, wann und wie er das Verhältnis Deutschland-Russland so nachhaltig beschädigt hat.

Zur Erinnerung: Seit dem Ende der Sowjetunion haben die mächtigen Oligarchen und mit Julia Tymoschenko auch eine Oligarchin das Land ausgeplündert und sich an der politischen Macht abgewechselt. In der Wahl vom Herbst 2004 machte in der Stichwahl für das Präsidentenamt Viktor Janukowitsch, er galt als eher moskauorientiert, das Rennen vor Viktor Juschtschenko, nach Westen blickend. Die Anhänger Juschtschenkos gingen von Wahlfälschungen aus und erzwangen in der »Orangenen Revolution« die Wiederholung der Wahl, aus der Juschtschenko als Sieger hervorging. Die Wahl 2010 gewann dann Janukowitsch. Von Herbst 2013 bis Frühjahr 2014 erreichte das Kräftemessen um die Ukraine seinen Höhepunkt. Begonnen hatte es in Kiew mit Protesten gegen die schamlose Bereicherungsmentalität der Oligarchen und dem Wunsch nach besseren sozialen und demokratischen Verhältnissen. Doch diese Proteste wurden gekapert. Immer mehr in den Vordergrund trat die Entscheidung zugunsten einer Annäherung an die EU mit der Unterzeichnung eines Assoziierungsabkommens oder einer Perspektive als Teil der eurasischen Wirtschaftsunion mit Russland. Hunderttausende beginnen auf dem zentralen Platz Kiews, dem Maidan, zu kampieren und zu protestieren, teils mit Unterstützung, politischer Schulung und viel Geld aus dem Ausland. Nicht zuletzt durch Auftritte ausländischer Politiker wie dem polnischen Ex-Präsidenten Walesa, dem damaligen Bundesaußenminister Guido Westerwelle bis zum US-amerikanischen Vizepräsidenten Joe Biden wird eine innere Auseinandersetzung internationalisiert und »eine Einzelfrage zu einem generellen Machtkampf … Man wollte in Brüssel, Berlin und Washington die Frage der EU-Assoziierung gerade keine innere Angelegenheit der Ukraine mehr sein lassen.«[176] Gewalt hielt Einzug auf dem Maidan, im Februar wurde sie exzessiv angewendet, im Februar starben dabei über hundert Menschen. Am 21. Februar erhielt der Noch-Präsident Janukowitsch Besuch von den Außenministern Deutschlands, Frankreichs und Polens, Steinmeier, Fabius und Sikorski. Sie nötigten ihm und Vertretern der Opposition einen Vertrag über die Bildung einer Übergangsregierung und vorgezogene Neuwahlen ab. Die Führung des Maidan jedoch dachte keine Minute daran, die Bedingungen für einen geordneten Machtwechsel zu erfüllen. Der ultranationale militante Sektor bestimmte inzwischen das Klima, Janukowitsch floh aus Kiew, einen Tag später stürmten rechte Kräfte das Parlament und übernahmen die Macht. In der Folge dieser Ereignisse wurde die Krim wieder Teil der Russischen Föderation, im Osten der Ukraine erklärten sich große Teile der Gebiete Donezk und Lugansk als unabhängig; zwischen ihnen und der Kiewer Führung begann ein zehrender (Bürger-)Krieg. Die Bemühungen um Waffenstillstand und die Perspektive einer einigen Ukraine in den Verträgen von Minsk I und Minsk II kommen nicht wirklich voran.

Die deutsche Politik hat Anteil am Ukraine-Konflikt – von Beginn an. Ein Produkt aus Deutschland sollte sogar Präsident der Ukraine werden: Vitali Klitschko. Der gefeierte Box-Star war keineswegs ein kopfloser Sportler mit einem Hang zur Kamera, er hatte Höheres im Sinn. Seine politische Karriere begann relativ spät. Mit 33 Jahren tauchte er in der »Orangenen Revolution« auf und warb für eine westliche Ausrichtung der Ukraine. Zweimal, 2006 und 2008, versuchte er erfolglos, Bürgermeister der Hauptstadt Kiew zu werden. Bei der Parlamentswahl 2012 endlich gelang ihm der Sprung in die Werchowna Rada.

2006 also bewegte sich Klitschko in ersten, aber entschlossenen Schritten in die Politik. Zu diesem Zeitpunkt begann auch seine Zusammenarbeit mit der Konrad-Adenauer-Stiftung (KAS). Später wird sich deren damaliger Leiter des Kiewer Büros in einem Interview mit der *Tagesschau* erinnern: »Vitali Klitschko kam auf uns zu. Er bat um informelle Kontakte zur CDU und zur Europäischen Volkspartei sowie um Unterstützung mit Seminaren und Schulungen.«[177] Dieser Wunsch wurde ihm nicht verwehrt. 2010, geschult von der Konrad-Adenauer-Stiftung und mit einer kleinen, aber trainierten Gruppe, legte er los. Er wurde Vorsitzender einer bis dahin völlig unbedeutenden Partei, gestaltete sie nach seinen Vorstellungen um und schnitt sie perfekt auf sich zu, nicht zuletzt mit dem Namen »UDAR«, im Ukrainischen wie auch im Russischen Hieb, Schlag.

Bedingungslos auf die EU ausgerichtet und Deutsch besser noch als Ukrainisch sprechend, wird Klitschko in den hiesigen Medien zum Lieblingsukrainer. Er ist willkommener Gast bei der CDU, auf deren Parteitagen darf er reden, die CDU/CSU-Bundestagsfraktion führt ihn bis heute als Referenten. Die KAS schult sein Umfeld, er selbst wird ins Europaparlament eingeladen. Vom Führer einer regionalen Kleinstpartei ist er zu einer internationalen Größe aufgestiegen. Die CDU ihrerseits hat nie einen Hehl daraus gemacht, wie direkt und aggressiv sie Klitschko im Kampf um politische Macht in der Ukraine unterstützt, als ob das das Normalste der Welt sei. Es lohnt sich ein zweiter Blick darauf. Die Konrad-Adenauer-Stiftung hat systematisch Kader der UDAR-Partei in Rhetorik, Kommunikation, Propaganda und Organisationsaufbau geschult. Vorausschauend hat sie eine politische Struktur in einem anderen Land aufgebaut, um die dortige politische Struktur zu stürzen. Im Dezember 2013 war es dann so weit. Die »Schläfer« der CDU, flankiert von der deutschen Regierungspolitik, nahmen ihre führenden Rollen im Putsch des Euromaidan ein.

Verglichen mit der kühl kalkulierten Langfriststrategie der bundesdeutschen Konservativen für einen Putsch in einem anderen Land sind die angeprangerten »Trojanischen Pferde des Kremls« in Deutschland zutrauliche Ponys auf einem Kinderreithof. Trotz aller Anstrengungen: Vitali Klitschko erfüllte die in ihn gesetzten Erwartungen nicht. Er verfehlte sein erklärtes Ziel, Präsident der Ukraine zu werden, im Postenschacher der folgenden Jahre wird er stetig nach unten durchgereicht.

Zur Zeit des Euromaidan aber gehörte er mit Arsenij Jazenjuk, dem Mann der US-Amerikaner, und Oleh Tjahnybok, von der faschistischen Swoboda-Partei, zu dem berüchtigten Dreierbündnis, das auf fast allen Fotos von den Bühnen und Hinterzimmern jener Tage zu sehen ist. Politiker aus der Europäischen Union, nicht zuletzt Frank-Walter Steinmeier, haben die rechtsextreme Swoboda-Partei in ihre Verhandlungen mit der Maidan-Bewegung einbezogen, sie damit salonfähig gemacht, so dass sie in der Übergangsregierung großzügig mit Schlüsselpositionen bedacht wurde. Swoboda stellte den Generalstaatsanwalt, den Landwirtschaftsminister, in einem agrarisch geprägten Land ein wichtiger Posten, und den Leiter des ukrainischen Sicherheitsrats. Deutsche und EU-Politiker drängten darauf, dass diese herbeigeputschte Regierung schleunigst international anerkannt wurde. Das sei, so der ehemalige EU-Erweiterungskommissar Günter Verheugen, »ein fataler Tabubruch ... dem wir auch noch applaudieren, der Tabubruch nämlich, zum ersten Mal in diesem Jahrhundert völkische Ideologen, richtige Faschisten in eine Regierung zu lassen ...«[178]

So konnten völkisch Rechte und Faschisten von Regierungsbänken aus ihren Hass auf alles Russische verbreiten – ebenso wie den Hass auf alles Linke und Kommunistische. Und sie erzielten Wirkung. Das beste Beispiel hierfür ist das Gesetz zu regionalen Sprachen, das 2012 unter der Janukowitsch-Regierung erlassen und nun durch einen der ersten Beschlüsse des ukrainischen Parlaments nach dem Sturz des Präsidenten aufgehoben wurde. Damit sollte die Möglichkeit einer zweiten regionalen Amtssprache in Regionen, in denen für mindestens zehn Prozent der Bevölkerung Ukrainisch nicht die Muttersprache ist, wieder gestrichen werden. Das betraf die große russische Minderheit, aber auch die ungarische, rumänische, polnische. Nach heftigen Protesten und dem Veto des Übergangspräsidenten Turtschynow blieb das Gesetz zwar in Kraft, doch der angerichtete Schaden war nicht wiedergutzumachen. Viele Menschen, namentlich im Osten und Süden der Ukraine, sahen sich von den neuen Machthabern nicht repräsentiert, Widerstand formierte sich.

Nicht zurückgenommen wurde die sogenannte »Lustration«. Das »Entkommunisierungsgesetz« von Juni 2015 stellt alles, was die Kiewer Machthaber für kommunistisch halten – Meinungsäußerungen, Organisationen, Symbole, Geschichtsdarstellungen und so weiter –, unter Strafen von fünf bis zehn Jahren Gefängnis. Damit sei ab sofort, so erklärte es die Regierung, auch die Kommunistische Partei der Ukraine verboten. Die Bundesregierung hatte sich mehrfach gegen ein Verbot der Kommunistischen Partei der Ukraine ausgesprochen und auf Nachfragen mitgeteilt, sie werde genau verfolgen, ob im Verbotsverfahren demokratische Grundsätze gewahrt blieben. Das Verbot ohne Gerichtsverfahren widerspricht demokratischen Grundsätzen auf ganzer Linie. Eigentlich hätte die Bundesregierung ihren Worten Taten folgen lassen müssen.

Hinzu kommt: Frank-Walter Steinmeier hatte als Bundesaußenminister gemeinsam mit seinen Kollegen aus Polen und Frankreich im oben erwähnten Vertrag vom 21. Februar 2014 mit seiner Unterschrift zugleich die Verpflichtung übernommen, die Erfüllung des Vertrags zu garantieren. Der Vertrag sieht den Erhalt und Ausbau der Demokratie in der Ukraine vor. Der Außenminister hätte auf die Einhaltung dieser Verpflichtungen pochen müssen. Eigentlich, wäre, müsste, hätte … die Möglichkeitsform des Konjunktivs beschreibt das Verhalten der Bundesregierung gegenüber der Regierung in Kiew treffend: Alles Mögliche gewähren lassen, bis die so gern von ihr im Munde geführten »europäischen Werte« zerkaut und zermahlen sind.

Im Frühjahr und Sommer 2014 schlägt die Ukraine-Krise in einen (Bürger-)Krieg um.

Auf der Krim versammelten sich schon wenige Tage, nachdem der frühere ukrainische Präsident Janukowitsch das Land verlassen hatte, in den beiden größten Städten der Halbinsel mehrere Tausend Menschen, um ihren Unmut über die Geschehnisse in Kiew auszudrücken. Im Gegensatz zu den anderen Regionen forderten sie tatsächlich den Anschluss an die Russische Föderation. Seit dem Vertrag von Jassy am 6. Januar 1792 gehörte die Krim zum Russischen Imperium. Sie wurde zum wichtigsten Stützpunkt der russischen maritimen Tradition, Sewastopol zum Hauptquartier der russischen Schwarzmeerflotte. Im Krim-Krieg von 1853 bis 1856 und in beiden Weltkriegen war die Krim, und besonders Sewastopol, eine stark umkämpfte Region mit immer wieder vielen Opfern. 1954 wollte der sowjetische Partei- und Regierungschef Nikita Chruschtschow, selbst Ukrainer, die Freundschaft zwischen der russischen und ukrainischen Sowjetrepublik feiern und festigen. Sie konnte keinen großartigeren Ausdruck finden als im Geschenk der Halbinsel Krim. In dieser Zeit musste sich die sowjetische Führung noch keine Gedanken darum machen, dass die Halbinsel später zum Zankapfel einer Ost-West Konfrontation werden sollte.

Wie auf der Krim kommt es im gesamten Osten und Süden der Ukraine zu anhaltenden Protestaktionen und Demonstrationen. Inspiriert vom Maidan, dringen Gegner der Kiewer Regierung in Donezk, später auch in Lugansk, Mariupol, Slawjansk, Dnepropetrovsk und anderen Städten in Verwaltungs- oder Polizeigebäude ein, besetzen sie und fordern mehr Autonomie von Kiew. Die Reaktion der westlichen Medien fällt so ganz anders aus als zum Maidan. Was dort im Namen der Demokratie geschah, war hier »pro-russisch«. Unter diesem Stigma verschwanden ihre Forderungen nach Mitbestimmung, Entwaffnung und Verbot sämtlicher rechtsradikalen Strukturen, Erhalt der russischen Sprache als zweite Amtssprache und immer lauter die nach einem Referendum über die Dezentralisierung der Ukraine.

Im März und April 2014 nahmen die Auseinandersetzungen an Schärfe zu und die Volksrepubliken Donezk und Lugansk wurden ausgerufen. Erste Versuche der Armee, gegen die Rebellen vorzugehen, wurden zurückgeschlagen. Die Zweiteilung der Ukraine zeigt sich auch in den Behörden. In vielen Fällen haben sich Polizisten und Armeeangehörige nicht den Aktivisten entgegengestellt, sie haben ihnen Ausrüstung besorgt oder sind auf die Seite der Regierungsgegner übergegangen. Die Ukraine war die Waffenschmiede der UdSSR, hier war der Großteil der Rüstungsindustrie konzentriert. Waffen waren und sind dort mehr als genug. Nach vielen Wochen aussichtsloser Kämpfe gegen die Aufständischen musste sich die Kiewer Regierung eingestehen, dass ihre Armee für einen Bürgerkrieg nicht bereit war. Ihre Kraft/ihr Wille reicht für einen Stellungskrieg mit gelegentlichen Attacken oder grenznahen Bombardements, nicht aber für eine große Offensive Mann gegen Mann.

Im November 2015 waren die beiden Autoren in humanitärer Mission in der Ostukraine, im Gebiet Donezk. Sie haben genau hingeschaut und hingehört, was dieser Krieg und was die Minsker Friedensvereinbarungen mit dem Alltagsleben der Menschen zu tun haben. Hier Auszüge aus ihrer Reportage:

Totenstill wird es auf der Fahrt zum Flughafen von Donezk: Die kleinen Häuser rechts und links, einige traditionell aus Holz und an den Giebeln verziert, sind zerstört, die Gärten verwaist, kein Lebenszeichen, nirgendwo, sogar die verlassenen Hunde streunen umher, ohne zu bellen. Und dann taucht vor uns das auf, was vom Flughafen übrig geblieben ist: ein graues, grausiges Trümmerfeld. Vor kurzem noch der modernste Europas, sind jetzt in der weiten Ellipse nur noch zusammengeschossene Hallen zu sehen, davor die schwarzen Skelette verbrannter Bäume. Der Airport trug den Namen des Komponisten Sergej Prokofjew, doch beim Anblick der Betonplatten, die sich im Einstürzen übereinander geschoben haben, oder dieser gespenstigen Höhlen, wo einst Glasfronten waren, erstickt jede Erinnerung an Musik, Schönheit, Farbe. Das hier ist die Unterwelt. Plötzlich ein Knall. Es wird geschossen, von der anderen Seite des Flughafens. Die Uniformierten in unserer unmittelbaren Umgebung verstehen sich als Truppen der »Donezker Volksrepublik«, dort, auf der anderen Seite, liegt die Armee der Ukraine. Zwischen den Fronten treiben sich Freischärler herum. Mit der Bestimmtheit erfahrener Soldaten diagnostizieren unsere Begleiter: Das war ein 150-Millimeter-Geschoss.

Der Schuss am Flughafen von Donezk bleibt ohne Antwort. Die Wachhabenden versichern, sie hätten Befehl, nicht zurückzuschießen, ihre Panzer und schweren Waffen seien abgezogen, sie hielten die zweite in Minsk vereinbarte Waffenruhe ein. Sie registrierten, dass auf der gegenüberliegenden Seite wieder vermehrt aus Panzern und mit Kalibern von über 100 Millimetern geschossen wird, beides ist nach dem Abkommen verboten. Und sie beobachten, dass die militärischen Geräte und Geschosse ausgetauscht werden. »Die russischen Granaten pfeifen im Flug«, erklärt der 22-jährige freiwillige Soldat Sascha, »die amerikanischen sind völlig lautlos.« Nachts schreckt uns im Hotel in Gorlowka ein Krachen auf, gefolgt von andauerndem

Donnergrollen. Hier können wir ebenfalls die Richtung orten, abgefeuert wird von jenseits der Demarkationslinie. Frieden herrscht im Donbass nicht. Doch: Was ist die Abwesenheit von Frieden? Schon Krieg? Noch Vorkrieg? Bürgerkrieg?

Minsk II ist die Antwort auf einen Krieg in der Südostukraine, der zu Beginn 2015 festgefahren war. Davor hatten die Kiewer Truppen die Ostukraine zwar nicht mit einem Feuersturm an Flächenbombardements überzogen. Doch einzelne Dörfer und Städte verwandelten sie in Ruinenfelder. Not und Schrecken haben sie verbreitet mit gezielten Schlägen gegen soziale, kulturelle Einrichtungen und Wohnviertel, mit Kesseln um Städte wie Slowjansk, Lugansk oder Gorlowka, der Zerstörung von Gas-, Wasser- und Stromleitungen, dem Beschuss von Flüchtlingstrecks. Sogar Kinder waren ihre Zielscheibe. Eduard Loginow aus Surgut in Sibirien, er organisiert humanitäre Hilfe für den Donbass, war selbst dabei, als im Sommer auch das Kinderferienlager am Rand Gorlowkas ins Granatfeuer geriet. In Windeseile wurden die Kinder in zwei Busse gesetzt, die, obwohl weiße Laken, rote Kreuze und der Schriftzug Kindertransport angebracht waren, beschossen wurden. Das kann Eduard nicht vergessen.

Im Krieg wurden die Infrastruktur und ökonomische Substanz des Donbass empfindlich getroffen und teilweise zerstört. Zweieinhalb Millionen Menschen sind geflohen, mehrheitlich ins benachbarte Russland. Die zurückgelassenen Ortschaften erscheinen nun wie zu groß geworden.

Mit mehr als einer Viertelmillion Einwohner gehörte Gorlowka zu den größeren Städten der Ukraine. Es liegt an der wichtigen Verbindungsstraße zwischen Lugansk und Donezk und war besonders hart umkämpft. Heute bildet die Fahrbahn ein breites Band von Schlaglöchern, wer sie nutzt, muss mit dem Auto Schlangenlinien fahren. In der Stadt gibt es keine einzige militärische Einrichtung. Doch mit Artilleriegranaten, Raketen und Splitterbomben wurden alle acht Krankenhäuser beschossen, 21 der 23 Schulen, 16 von 19 Kitas und Häuserblocks in relativ dicht bebauten Quartieren. Ein Drittel der Bevölkerung brachte sich durch Flucht in Sicherheit. Neben sozialen waren kulturelle Einrichtungen das Ziel von Zerstörung. Durch Beschuss ging die neu errichtete Holzkirche in Gorlowka in Flammen auf, geblieben sind nur ihre Fundamente aus Stein. Die alte Kirche in der Nähe des Flughafens von Donezk ist zerschossen, die umliegenden Gräber sind zerstört. Symbolträchtig ist die schwere Beschädigung des Stadions von Schachtjor Donezk, der Donbass-Arena, einer Spielstätte bei der Fußballeuropameisterschaft 2012. Und in der mutwilligen Vernichtung der im Donezker Stadtmuseum ausgestellten kulturhistorischen Zeugnisse durch eine ferngesteuerte Rakete sieht der ehemalige Museums- und heutige Theaterdirektor Jewgenij Denissenko einen Akt der Barbarei: »In Syrien zerstört der IS die Artefakte, bei uns die ukrainische Armee.«

Diese Art Kriegsführung bestürzt die Betroffenen – und verändert sie. Ludmilla treffen wir vor einem Wohnhaus mit mehreren Treppenhäusern. An einer Seite haben Granaten das Dach aufgerissen, manche Balkone sind abgestürzt, viele Fensterhöhlen leer. »Wir leben nicht, wir vegetieren nur noch«, sagt die Rentnerin. Armut bedrückt sie und Angst. Wenn die nächsten Granaten kommen, läuft das immer Gleiche ab: »Wir schnappen uns die Kinder, und die nehmen auf dem Weg zum Keller keine Kleidung, keine Decken mit, nein, sie klauben so viel Spielzeug zusammen, wie sie nur zu fassen bekommen.« Die Erwachsenen retten die Kinder und die retten sozusagen ihre Kinder. Bis vor zwei Jahren hätte sie die Ukraine mit Zähnen und Klauen verteidigt. Aber jetzt, nach dem Krieg – das Wort sagt sie auf Deutsch –, führe kein Weg zurück. Zweimal ist sie selbst verletzt worden, und »ein einziges Grauen« waren die Granaten auf den Marktplatz voll mit Ständen und Menschen. Als der Beschuss vorbei war, lagen dort abgerissene Arme, offene Köpfe, zerrissene Kinderleiber. »Wie soll man nach all dem sagen, man liebt die Ukraine und will zu ihr zurück?«, fragt sie und weint.

Völlig unerwartet treffen wir am Stadtrand von Gorlowka in einer zerschossenen Schule auf eine Gruppe älterer Frauen. In der Zeit des Dauerbeschusses hatten sie sich im Keller in Sicherheit gebracht. Erst waren sie zu dritt, dann wurden sie mehr. Wenn eine neue zu ihnen stieß, fragten sie als erstes: Hast du Hunger? Sie teilten miteinander etwas Brot in klitzekleinen Stücken. Mehr hatten sie nicht. Sie rückten ganz dicht zusammen, um sich gegenseitig zu wärmen. All das

erzählt Walentina mit sich überschlagender Stimme.
Sie haben so viel durchgemacht und es war keiner da,
dem sie ihre Erlebnisse mitteilen konnten. Walentina
ist wohl die jüngste von den Frauen, die sich selbst
als »Babuschki«, Großmütter, bezeichnen. Im Sommer
hatten die Angriffe nachgelassen, die Frauen mussten
nur noch nachts in den Keller, wenn vereinzelt Schüsse
fielen. Es war, so Walentina, »das Paradies«. In die-
sen Zeiten haben sie sich einen kleinen Ofen selbst
gemauert. Er steht in einem fensterlosen Raum von
vier mal vier Metern mit vier Betten. Nebenan reichen
zwei mal vier Meter für vier Betten, an den Querseiten
ist unter der niedrigen Kellerdecke gerade noch Platz
für halbhohe Liegen. Doch schon im November fallen
Schatten auf ihr »Paradies«. Der Winter steht vor der
Tür, und sie haben keine Kohlen, vor allem aber hat
der Beschuss wieder eingesetzt, regelmäßig. Er kommt
von der anderen Seite der Demarkationslinie, da sind
sich die Frauen sicher, schließlich sind sie ganz dicht
dran. Ist es die Kiewer Armee, sind es Freischärler?
Weggehen wollen die Babuschki trotz alledem nicht.
Sie schützen ihre Wohnungen, ihre kleinen Häuser, sie
haben doch nichts anderes. Außerdem brauchen die
Tiere sie. Jeder Tag beginnt für Walentina damit, dass
sie Futter für die Hunde und Katzen vorbereitet. Davon
gibt es viele. Die Menschen sind fort, ihre Tiere sind
geblieben. Walentina hat die Hoffnung nicht aufgege-
ben. »Wir haben doch friedlich zusammengelebt, ich
wollte mich nie von der Ukraine lossagen.« Jetzt sei es
so, als ob zwei Menschen auf einem engen Steg auf-

einander zukommen. Sie müssten sich verständigen, miteinander reden, sonst stürzen sie beide in die Tiefe. Die Kiewer Regierung erhebt zwar den Anspruch, für alle Menschen in der Ukraine zu sprechen und zu handeln, aber sie bestraft die Einwohner der Regionen Donezk und Lugansk, indem sie deren Renten, deren Krankenversicherung und deren Gehälter nicht zahlt. Unter diesen Bedingungen ist gegenseitige Hilfe Voraussetzung des Überlebens. Dafür haben wir bewegende Beispiele erlebt. Auch dieses: Am 1. September beginnt traditionell in der Ukraine nach den Sommerferien das neue Schuljahr. Am 24. August 2015 zerstörten Raketen von der anderen Seite das Lyzeum Nummer 14 in Gorlowka. Wenige Wochen danach sehen wir nur noch Schäden an der Turnhalle. Das zweistöckige Gebäude, die große, lichte Eingangshalle, die ausladenden Treppen nach oben, die Klassenzimmer haben ältere Schüler, Eltern, Nachbarn, Arbeiter aus örtlichen Betrieben innerhalb eines Monats komplett wieder aufgebaut. Sie haben rund um die Uhr gemauert, gesägt, Böden verlegt, Wände gestrichen. Sogar für die Gärten um das Gebäude herum haben sie gesorgt. Jetzt sind die neu gepflanzten Bäume noch klein, aber sie erzählen von der Hoffnung.[179]

Noch hat sich die Hoffnung nicht erfüllt. Im Winter 2016/2017 wurden die Kämpfe sogar wieder heftiger. Dabei gelten doch die zwei Abkommen, die den Weg zu einem Frieden in der Ukraine bahnen sollen: Minsk I von September 2014 und, darauf aufbauend, Minsk II

vom 12. Februar 2015. Sie wurden beide im sogenannten Normandieformat mit vorbereitet und begleitet.
Die unmittelbaren Verhandlungspartner waren der
ehemalige Präsident der Ukraine, Leonid Kutschma, der
Botschafter Russlands in der Ukraine, Michail Subarow,
und die Ukraine-Beauftragte der OSZE, Heidi Tagliavini.
Die Vertreter aus Donezk und Lugansk saßen nicht mit
am Verhandlungstisch, das hat die Ukraine nicht akzeptiert, sie waren aber in getrennten Räumen mittelbar
dabei. Minsk II regelt eine umfassende Waffenruhe, die
Einrichtung einer Pufferzone einschließlich des Abzugs
schwerer Waffen, Gefangenenaustausch, Amnestie
für Straftaten im Zusammenhang mit dem Konflikt,
Überwachung der Front und der Waffenruhe durch die
OSZE mit Unterstützung von Satelliten und Drohnen,
Verabschiedung eines Gesetzes durch das ukrainische
Parlament über eine Autonomie »bestimmter Regionen
der Gebiete Lugansk und Donezk«, Verfassungsreform
zur Dezentralisierung der Ukraine, Kommunalwahlen
in Donezk und Lugansk, Grenzkontrollen zwischen der
Ostukraine und Russland durch die Kiewer Behörden,
Abzug aller fremden Truppen und Kämpfer aus allen
Teilen der Ukraine. Für die einzelnen Punkte wurden
jeweils Fristen von zwei Tagen (Waffenruhe) bis, mit
Abstand die längste Frist, zehneinhalb Monate zu
Grenzkontrollen durch die Ukraine festgelegt.
Auch Minsk II wird nicht umgesetzt. Dafür wird
meistens Russland verantwortlich gemacht. Ganz so
eindimensional ist das aber nicht. Ein lähmender Dis-
sens zwischen Donezk und Lugansk auf der einen und

dem ukrainischen Staat auf der anderen Seite betrifft die Reihenfolge der Umsetzung: Erst die Grenzkontrolle zu Russland, wie Kiew es wünscht – dann würde die dortige Regierung den kompletten Warenverkehr nach Donezk und Lugansk kontrollieren, diese Regionen hängen wesentlich von Lieferungen aus Russland ab –, oder erst der politische Prozess, also Wahlen und Autonomiegesetz, dann Grenzkontrolle, das ist die Position der Volksrepubliken. Unvergessen sind dort die Äußerungen aus der Kiewer Regierung, den Donbass und die Krim mit Gewalt zurückzuerobern. Das gegenseitige Misstrauen sitzt tief. Kiew mutmaßt, dass über die Grenze auch Kämpfer und Waffen kommen, das soll unterbunden werden. Sicher werden über die Grenze die Regionen von Donezk und Lugansk mit lebenswichtigen Gütern versorgt. Die Autoren haben selbst die Lkw-Schlangen gesehen, die sich tags und nachts an den Kontrollstellen kilometerlang stauen. Aus Russland erhalten auch die Rentnerinnen und Rentner der Ostukraine eine kleine Rente. Laut Minsk II wäre dafür der ukrainische Staat zuständig. Sollte dieser Vertrag wenigstens in ersten Schritten umgesetzt werden, wäre das ein ganz großer Fortschritt gegenüber der latenten und häufig offenen Konfrontation, die das Verhältnis der beiden Landesteile seit Jahren prägt. Ohne Vereinbarungen über die Abfolge der Schritte freilich wird selbst der erste nicht erfolgen.

Nun standen und stehen auch die beteiligten westlichen Mächte im Ukraine-Konflikt vor schweren Entscheidungen. Noch mehr Geld oder gar militärische Unterstützung in die Ukraine schicken? Oder sich doch lieber eingestehen, dass das Projekt Ukraine als Bollwerk gegen Russland so nicht funktioniert? Dies ginge einher mit einem Gesichtsverlust und der Anerkenntnis, dass man Milliarden Euro für eine antirussische Opposition und korrupte Oligarchen in den Sand gesetzt hat. So weit sind sie (noch?) nicht. Und so nimmt gerade in der Zwischenphase, da die »alte« US-Politik abgewählt und die »neue« in der Ukraine-Frage und gegenüber Russland noch keine verlässlichen Konturen angenommen hat, zunächst das Trommelfeuer zu; im Wortsinn: die Feuergefechte mit Granaten, Panzern, schweren Waffen sind wieder voll entbrannt, und im übertragenen Sinn: die »russische Gefahr« wird absurd überhöht mit dem Ziel, sicherzustellen, dass Präsident Trump seine vagen Andeutungen für »Deals« mit Russland nicht Wirklichkeit werden lässt. In dieser Gemengelage taucht dann auch wieder Andreas Umland auf. Das ist jener Herr, der versucht hatte, den *Appell der 60: Nicht in unserem Namen* mit einer Petition zu konterkarieren. Vom *Focus* als »Experte« eingeführt, warnt er: »Appeasementpolitik gegenüber Russland erhöht Eskalationsgefahr«. Appeasement kann in diesem Zusammenhang nicht wertneutral übersetzt werden als eine Politik, die zu Entgegenkommen, Zugeständnissen bereit ist, um Krieg zu vermeiden. Vielmehr ist Appeasementpolitik als politischer Begriff negativ konnotiert, bezeichnete er doch zuerst die Nachgiebigkeit des britischen Premiers Chamberlain gegenüber der aggressiven Expansionspolitik Adolf Hilters; als ihr Protest gegen den »Anschluss«

Österreichs ausblieb, als Frankreich, Großbritannien und das Italien Mussolinis im Münchner Abkommen die Annexion des Sudetenlandes gestatteten, der die Errichtung des »Protektorats Böhmen und Mähren« folgte. Umland vergleicht zwar nicht direkt Putin mit Hitler, aber mit dieser geschichtlichen Assoziation zu spielen, zeugt von abgrundtiefer Feindschaft. In diesem Sinn konstatiert er: »Russland war offensichtlich mit seinen früheren faktischen Gebietsgewinnen und Einflusskanälen in anderen postsowjetischen Republiken, etwa im Südkaukasus, unzufrieden geblieben« und dränge jetzt in die Ukraine. Deshalb müsse der Westen in dieser Frage hart und entschlossen gegenhalten und dürfe die Ukraine auf keinen Fall »finnlandisieren«.[180] Wieder so ein Schimpfwort, um als »Experte« das zu sagen, was der ukrainische Präsident Poroschenko unbedingt will: Sein Land dürfe nicht neutral, sondern müsse als Teil des Blockes von NATO und EU betrachtet werden, denn es brauche Sicherheit vor dem expansionistischen Russland. Wie man im Einzelnen die russische Politik bewerten mag, so ist sie in der großen Linie seit dem Zerfall der Sowjetunion 1991 nicht von Expansion bestimmt. Damals standen Truppen und Raketen des Warschauer Vertrags an der Elbe, heute rücken NATO-Truppen und US-Raketen um 2.000 Kilometer nach Osten vor. Ein derartiger Rückbau des Einflussbereiches eines Landes in Friedenszeiten und nicht als Resultat einer vernichtenden kriegerischen Niederlage ist geschichtlich wohl nahezu einmalig. Eines ist er ganz sicher nicht: ein Beweis für Aggressivität und Expansionsgelüste.

Wer hat Interesse an den fortdauernden Spannungen? Donezk und Lugansk nicht wirklich, eher die Ukraine. Sie ist als Staat komplett pleite. Als Kronzeuge für Russlands aggressive und expansionistische Politik wären seine Kreditgeber und Unterstützer aus dem Westen eher bereit, ihn weiter am Leben zu erhalten. Schließlich beruhen alle aktuellen Strategien und Politiken von NATO, EU und USA auf der Annahme, dass Russland eine Gefahr für Europa und die westliche Welt sei. Sollte diese Annahme mangels Belegen entfallen, müsste Russland nicht mehr »bestraft« und isoliert werden. Diese Politiken hätten dann ihren Grund verloren, auch ihre politische und moralische Berechtigung im Ansehen der Bevölkerung. Vielleicht würden dann mehr Menschen (wieder) über einen gemeinsamen Raum des Friedens und der Entwicklung von Lissabon bis Wladiwostok nachdenken. Daran haben die USA kein Interesse, könnte ihnen doch eine (zu) mächtige Konkurrenz erwachsen, zumal ein eurasisches Projekt zugleich Chinas Partner werden könnte.

Begonnen haben die Bestrafungsaktionen des Westens gegenüber Russland mit der Annexion der Krim, so die einen, respektive der Eingliederung der Krim in die Russische Föderation, so die anderen. In der meinungsprägenden politischen und publizistischen Öffentlichkeit ist unumstritten, dass dieser Akt völkerrechtswidrig ist. Das sah anfangs auch der Autor so. Doch es kann sinnvoll sein, andere Meinungen wenigstens zur Kenntnis und dabei andere historische Beispiele in den Blick zu nehmen, wie die Abtrennung des Kosovo von Serbien.

Zur aktuellen Krim-Krise nimmt der emeritierte Hamburger Strafrechtler und Rechtsphilosoph Reinhard Merkel aus völkerrechtlicher Sicht Stellung. Seinen Überlegungen stellt er eine ebenso knappe wie prägnante und zugleich differenzierte Bemerkung voran: »Hat Russland die Krim annektiert? Nein. Waren das Referendum auf der Krim und deren Abspaltung von der Ukraine völkerrechtswidrig? Nein. Waren sie also rechtens? Nein; sie verstießen gegen die ukrainische Verfassung (aber das ist keine Frage des Völkerrechts). Hätte aber Russland wegen dieser Verfassungswidrigkeit den Beitritt der Krim nicht ablehnen müssen? Nein; die ukrainische Verfassung bindet Russland nicht. War dessen Handeln also völkerrechtsgemäß? Nein; jedenfalls seine militärische Präsenz auf der Krim außerhalb seiner Pachtgebiete dort war völkerrechtswidrig. Folgt daraus nicht, dass die von dieser Militärpräsenz erst möglich gemachte Abspaltung der Krim null und nichtig war und somit deren nachfolgender Beitritt zu Russland doch nichts anderes als eine maskierte Annexion? Nein.«[181]

Nach den Kriterien des Völkerrechts bedeutet Annexion die gewaltsame Aneignung eines Gebiets ohne Einverständnis des Staates, zu dem es gehört. In diesem Sinne verstoßen Annexionen gegen das Prinzip des völkerrechtlichen Selbstbestimmungsrechts und gegen das Gewaltverbot der Charta der Vereinten Nationen. Eine so erfolgte Annexion würde zur Gewaltanwendung aus Gründen der Notwehr des davon betroffenen Landes und zur Nothilfe dritter Staaten auch ohne ausdrückliche Billigung durch den Weltsicherheitsrat der UNO legitimieren.

Tatsächlich stellen die Vorgänge um die Krim aber keine Annexion, sondern eine Sezession dar: Die gewählten Repräsentanten der auf der Krim lebenden Bevölkerung haben ihre staatliche Unabhängigkeit erklärt. Diese Erklärung wurde kurz darauf ausdrücklich durch ein Referendum gebilligt. Erst danach wurde der Antrag auf Beitritt zur Russischen Föderation gestellt und von den zuständigen russischen Staatsorganen angenommen. Sezession, Referendum und Beitritt schließen laut Reinhard Merkel eine Annexion aus, und zwar selbst dann, wenn alle drei rechtswidrig gewesen sein sollten. »Der Unterschied zur Annexion, den sie markieren, ist ungefähr der zwischen Wegnehmen und Annehmen. Auch wenn ein Geber, hier die De-facto-Regierung der Krim, rechtswidrig handelt, macht er den Annehmenden nicht zum Wegnehmer. Man mag ja die ganze Transaktion aus Rechtsgründen für nichtig halten. Das macht sie dennoch nicht zur Annexion, zur räuberischen Landnahme mittels Gewalt, einem völkerrechtlichen Titel zum Krieg.«

Hinzu kommt das bereits erwähnte Sprachengesetz, dass die Werchowna Rada beschlossen hatte und das den Status des Russischen als eine der möglichen Amtssprachen herabstufte. So besehen, könnte die erklärte Sezession zudem ihre politische Legitimation in der Verteidigung autonomer Minderheitenrechte finden.

Stark ins Gewicht fallen die Aktivitäten – damals und heute – der ukrainischen Regierung zur Aufnahme des

Landes in den Block der Europäischen Union und der NATO. Noch 2010 hatte das ukrainische Parlament ein Gesetz verabschiedet, das faktisch die Blockfreiheit des Landes vorschrieb und somit einen NATO-Beitritt untersagte.[182] Nun in die entgegengesetzte Richtung zu steuern, hätte eine zentrales Element der Verteidigungsfähigkeit Russlands berührt bis zerstört, indem ihr militärisch-maritimes Zentrum plötzlich geographisch im Bereich eines gegnerischen Militärbündnisses läge. Das und die mehrheitliche Auffassung der Bevölkerung der Krim wiegen schwerer als vertragliche Zusagen, die der Ukraine nach der Auflösung der Sowjetunion hinsichtlich der Zugehörigkeit der Krim gegeben wurden. Damals konnte niemand auch nur ansatzweise mit einer Eingliederung der Ukraine in den NATO-Block rechnen. Mit ihrem Bemühen um die Aufnahme in die NATO hat die ukrainische Regierung selbst die vertraglichen Rechtsgrundlagen beseitigt, die ihr unter anderen Bedingungen die Zugehörigkeit der Krim zur Ukraine garantiert hatten.

Die hier skizzierte Position ist umstritten, politisch ohnehin, aber auch unter Völkerrechtlerinnen und Völkerrechtlern. Für einige verletzt der Anschluss der Krim an Russland das Völkerrecht so schwer, dass er faktisch unwirksam sei. Anne Peters verweist auf die während der Volksabstimmung bestehende Kontrolle der Krim durch russische Truppen und sieht schon darin eine »massive Verletzung fundamentaler Völkerrechtsnormen«.[183] Claus Kress macht geltend, dass das Referendum über den Anschluss der Krim an Russland »im Windschatten der militärischen Besetzung der Krim durch Russland stattfand«.[184] Benedikt Behlert kommt zu dem Ergebnis: »Das Gewaltelement des russischen Gebietserwerbs ist damit eindeutig gegeben. Der Anschluss der Krim an Russland ist als Annexion zu qualifizieren.« Gleichwohl sieht Behlert, dass sich an der tatsächlichen Zugehörigkeit der Krim zu Russland in absehbarer Zeit höchstwahrscheinlich nichts ändern wird. Eine friedliche Lösung des Problems müsse gefunden werden. »Dabei ist es sicherlich notwendig, auf Provokationen und feindselige Rhetorik zu verzichten, um die Lage nicht noch weiter eskalieren zu lassen.«[185]

Vorschläge zur Deeskalation liegen auf dem Tisch, zum Beispiel von Egon Bahr. Er knüpfte an die Erfahrung der bundesdeutschen Ostpolitik an. »Wir haben die DDR nie völkerrechtlich anerkannt, aber wir haben sie respektiert«, sagte er. »Die Krim kann man natürlich genauso behandeln.« Das wäre »ein kleiner Punkt, der schnell erledigt werden kann«.[186] Matthias Platzeck, Vorsitzender des Deutsch-Russischen Forums, geht einen Schritt weiter: Nicht nur Respektierung, sondern Legalisierung. »Die Annexion muss nachträglich völkerrechtlich geregelt werden, so dass sie für alle hinnehmbar ist.« Für den Prozess der Legalisierung sieht er verschiedene Möglichkeiten, etwa »finanzielle Leistungen, eine Wiederholung des Referendums unter Kontrolle der OSZE und Weiteres. Das müssen Kiew und Moskau aushandeln.«[187]

Die Krim-Frage ist allerdings keine bilaterale mehr, sie ist längst internationalisiert. Am 15. März 2014 verabschiedet der Sicherheitsrat der Vereinten Nationen eine Resolution, in der alle Staaten aufgefordert werden, das Krim-Referendum nicht anzuerkennen. Moskau legt sein Veto ein, China enthält sich der Stimme, alle anderen sind dafür. Knapp zwei Wochen später sieht es in der Generalversammlung der Vereinten Nationen prozentual etwas besser für Russland aus, 100 Staaten stimmen für die Resolution, 11 dagegen, 58 enthalten sich. »Ein Kompromiss in der Ukraine-Frage ... kam aus US-Sicht nicht in Frage«, schreibt Christian Wipperfürth, Russlandkenner und Associate Fellow der Deutschen Gesellschaft für Auswärtige Politik. Nach Ende des Ost-West-Konflikts sei Russland das erste Land gewesen, »das bereit und in der Lage war, die USA offen herauszufordern ... Washington musste einen weltweiten *Machtverlust* fürchten, wenn Moskau nicht energisch in die Schranken gewiesen würde.«[188] Gerade weil sich am Status der Ukraine ein weltpolitisches Kräftemessen entzündet hat, soll noch einmal auf einen Fall geschaut werden, der ähnlich gelagert scheint: Kosovo. Im Unterschied zur Abtrennung der Krim von der Ukraine und zu ihrer Vereinigung mit der Russischen Föderation erfolgte die Abspaltung des Kosovo von Serbien im Gefolge des Jugoslawien-Kriegs, und schon der war völkerrechtswidrig. Als die NATO im März 1999 begann, Jugoslawien zu bombardieren, konnte sie sich nicht auf das Recht zur kollektiven Selbstverteidigung berufen, sie war auch nicht durch eine Entscheidung des Weltsicherheitsrats der UNO zu diesen Angriffen legitimiert.

Es war der erste Krieg der NATO, er fand auf europäischem Boden statt und an ihm beteiligte sich zum ersten Mal die Bundeswehr. Der Beschluss zu »Luftoperationen der NATO gegen die damalige Republik Jugoslawien«[189] war unter sehr merkwürdigen Bedingungen zustande gekommen. Gefasst hat ihn ein Parlament, das schon abgewählt war. Der neue Bundestag mit seiner rot-grünen Mehrheit – auch das eine Premiere – hatte sich im Oktober 1998 noch nicht konstituiert. Gregor Gysi wurde das Gefühl nicht los, »dass man der neuen Mehrheit, insbesondere den GRÜNEN, damit einen Gefallen tun wollte, dergestalt, noch nicht die Mehrheit zu sein und deshalb noch nicht in ihrer neuen Funktion entscheiden zu müssen. Ich halte das für völlig illegitim.«[190] Erst im Nachhinein kam heraus, dass Bundeskanzler und Außenminister in spe, Gerhard Schröder und Joseph Fischer, bereits eine Woche vor der Bundestagsdebatte US-Präsident Clinton ausdrücklich ihre Zustimmung zu einem solchen Einsatz gegeben hatten. Umgesetzt wurde er erst im nächsten Frühjahr, als Bundeskanzler Schröder am 24. März 1999 in der *Tagesschau* erklärte: »Heute Abend hat die NATO mit Luftschlägen gegen militärische Ziele in Jugoslawien begonnen. Damit will das Bündnis weitere schwere und systematische Verletzungen der Menschenrechte unterbinden und eine humanitäre Katastrophe im Kosovo verhindern.«[191]

Das war zugleich die Geburtsstunde der »humanitäre Intervention«, die seitdem zur Legitimation von Kriegen herangezogen wird; von Kriegen allerdings, zu denen sich große Staaten selbst das Mandat erteilen, einzig nach ihren Interessen, insofern willkürlich. Die Regeln, die in der Charta der Vereinten Nationen festgehalten sind, zivilisieren die Lösung internationaler Konflikte. Die Selbstmandatierung der Mächtigen ist ein Rückfall ins Faustrecht.

Schon lange vor dem Krieg hatte die Bundesregierung nationalistische Tendenzen in Jugoslawien gutgeheißen und gefördert; namentlich der damalige Außenminister Hans-Dietrich Genscher war eine treibende Kraft für die ungerechtfertigt frühzeitigen völkerrechtlichen Anerkennungen Sloweniens und Kroatiens 1991 sowie später Bosnien-Herzegowinas als eigenständige Staaten. Damit war der jugoslawische Staat aufgelöst. Neun Jahre später wurde das verbliebene Serbien in zwei Teile zerlegt, Kosovo und Serbien. Dabei ging es den westlichen Akteuren offenbar darum, die sich auch nach dem Ende der Sowjetunion weiterhin als sozialistisch verstehende Bundesrepublik Jugoslawien aus der europäischen Geschichte zu tilgen und an ihrer statt dort die Europäische Union und die NATO einziehen zu lassen.

Der Kosovo-Krieg mit der Zerschlagung Jugoslawiens, der »humanitären Intervention« und der Beteiligung der Bundeswehr an einem Krieg im Ausland hat die Bundesrepublik Deutschland tiefgreifend verändert. Im Selbstverständnis ihrer Regierungen wurde Krieg wieder zu einem Mittel auch deutscher Politik, die politische Kultur militärischer Zurückhaltung als Lehre aus zwei von Deutschland zu verantwortenden Weltkriegen wurde beiseitegeschoben und SPD und GRÜNE brachen mit ihren antimilitaristischen Positionen und wurden zu Kriegsparteien.

Nun kann man einwenden, wie die NATO und in ihr Deutschland mit der Abtrennung und Anerkennung des Kosovo die von der UNO garantierte Souveränität und territoriale Integrität der Bundesrepublik Jugoslawien verletzt haben, so hat auch Russland durch seine Krim-Politik die Souveränität und nationale Integrität der Ukraine verletzt, die sie ihr in diversen Abkommen zugesichert hat. Angela Merkel bezieht sich in diesem Zusammenhang gern auf das »Budapester Memorandum«, in dem damals versichert wurde – durch die Vereinigten Staaten von Amerika, Großbritannien und Russland –, »dass die territoriale Integrität der Ukraine geschützt wird ...«[192] Das ist auch für die GRÜNE Bundestagsabgeordnete Marieluise Beck ein gern genutztes Argument. In dem Budapester Memorandum vom 7. Dezember 1994 erklären die Unterzeichner in Übereinstimmung mit der Schlussakte der Konferenz für Sicherheit und Zusammenarbeit in Europa (KSZE), dass sie und ihre Länder die politische Unabhängigkeit und territoriale Unversehrtheit der Ukraine respektieren. Das haben die Unterzeichnenden zugesagt (confirm). Daraufhin hat die Ukraine, damals war sie noch drittgrößte Atommacht der Welt, ihre 1.900 Atomsprengköpfe zur Demontage nach Russland gegeben. Nun ist eine Zusage eine Zusage, die bitte eingehalten werden soll. Gleichwohl zwei Randnotizen: Der bekundete »Respekt vor den bestehenden Grenzen« bezieht sich im Kontext des Memorandums offenkundig auf eine gewaltsame Veränderung der Grenzen von außen, nicht aber auf eine selbstbestimmte Sezession der betroffenen Bevölkerung. Deshalb sprechen auch die Moskaukritiker nicht einfach von einer Annexion der Krim, sondern verbinden sie mit Attributen der Gewalt, bezeichnen sie etwa als »erzwungene Annexion und Gebietsabtrennung« von außen unter »Einsatz von Gewalt«.[193] Völkerrechtlich hat ein Memorandum den Charakter einer Absichtserklärung im Unterschied zu einem verbindlichen Vertrag (treaty). So wird es auch in der Anleitung (guidance) des US-amerikanischen Außenministeriums über nicht verbindliche Dokumente (Non-Binding Documents) dargestellt.

Zusätzlich zu den Konflikten in Europa stehen Deutschland und Russland im Syrien-Krieg auf der jeweils anderen Seite. Das erschwert ein entspanntes Verhältnis, zumal die deutsche Politik stärker in diesem Konflikt involviert ist, als man annehmen möchte. Sie ist Teil eines Krieges, auf dessen Schuldkonto inzwischen eine Viertelmillion Tote, sechs Millionen Inlandsvertriebene und zwei Millionen Flüchtlinge stehen.

Als Bashar al-Assad im Juli 2000 Staatspräsident wurde, übernahm er ein Land, in dem die Baath-Partei die führende Rolle beanspruchte und die Geheimdienste wucherten. Wirtschaftlich verfolgte er eine neoliberale Richtung – sehr zum Gefallen vieler westlicher Staaten, darunter Deutschland. Mit der Europäischen Union handelte er ein weitreichendes Assoziierungsabkommen aus. Es wurde zwar nie unterzeichnet, hatte allerdings die sattsam bekannten Forderungen zur Voraussetzung:

Abschaffung beziehungsweise erhebliche Reduzierung von Preisbindungen und Subventionen, Privatisierung öffentlichen Eigentums, Liberalisierung der Märkte. Im Ergebnis verarmten größere Teile der Bevölkerung, und es schmolz die soziale und politische Basis des Regimes Assad.[194] Das war der Nährboden für die Proteste vom März 2011. Die friedlichen Aktionen für politische und bürgerliche Freiheiten sowie für wirtschaftliche und soziale Verbesserungen zielten auf Reformen, nicht aber einen Regierungssturz, sie lehnten äußere Einflussnahme ab. Sie unterschieden sich klar von den sehr rasch in Gewalt umschlagenden Demonstrationen in Städten wie Daraa. Nach den Gewaltausbrüchen – je nach Darstellung durch die Regierung oder die Opposition – zogen sich viele zurück, auch aus Angst vor Chaos und Instabilität. Die Bundesregierung aber legte sich wie andere westliche Staaten und die Golfmonarchien rasch auf »Assad muss weg« und Regime-Change fest. So wurde sie mitverantwortlich dafür, dass der innersyrische Konflikt zu einem Stellvertreterkrieg wurde.

Ignoriert wurden hierzulande Reformen, die von der syrischen Regierung bald nach Beginn des Aufstands eingeleitet wurden. Sie waren unzureichend, die Situation im Land selbst war schon zu verfahren, trotzdem sind sie erwähnenswert, etwa die Aufhebung des seit 1963 bestehenden Ausnahmezustands, ein neues Demonstrationsrecht, ein neues Parteiengesetz, ein neues Wahlgesetz, ein neues Mediengesetz, ein neues Verwaltungsgesetz in den Provinzen. Der Korruption beschuldigte Gouverneure und Polizeipräsidenten wurden entlassen, bisher »staatenlosen« Kurden wurde die syrische Staatsangehörigkeit zuerkannt, ein nationaler Dialog wurde initiiert. Zudem wurde die Verfassungsreform im Februar 2012 von 89,4 Prozent der teilnehmenden 57,4 Prozent der Bevölkerung angenommen. Gestrichen wurde die Alleinherrschaft der Baath-Partei aus der Verfassung, die unter anderem eine Amtszeitbegrenzung für den Präsidenten vorsieht. Die Bundesregierung aber schloss schon im Januar 2012 ihre Botschaft in Damaskus und begab sich damit der Möglichkeit, auf den Konflikt einzuwirken. Mit 60 weiteren Staaten und Organisationen gründete sie die Gruppe der »Freunde Syriens«. Die wiederum erkannte die »Nationale Koalition der syrischen Revolutions- und Oppositionskräfte« und die von ihr später eingesetzte »Exilregierung« als »legitime Vertretung des syrischen Volkes« an. In Syrien selbst haben diese Kräfte kaum eine Basis. Der militärische Arm der Nationalen Koalition ist die Freie Syrische Armee, ein Dach über einzeln und getrennt agierenden Kampfgruppen, finanziert vornehmlich aus Saudi-Arabien und Katar. Inzwischen sind die militärisch dominierenden Oppositionskräfte der Islamische Staat (Daesh), Jabat Fatah al-Sham und andere brutale Verbände.[195] Die Bundesregierung ist militärisch in diesem Raum präsent mit AWACS-Aufklärungsflugzeugen, die vom türkischen Einsatzflugplatz Konya Aufklärung für den Luftwaffeneinsatz der westlichen Bündnispartner in Syrien betreiben, vier Bundeswehr-Tornados im türkischen Incirlik, den ebenfalls in der Türkei stationierten Patriot-Raketen,

Soldatinnen und Soldaten im türkischen Grenzgebiet und der Überwachung Syriens durch ein deutsches SIGINT-Schiff, das Kürzel steht für »Signal Intelligenz« zur militärischen Aufklärungsarbeit, vornehmlich das Abhören von Funksprüchen. Im Rahmen der Freunde Syriens leitet die Bundesrepublik gemeinsam mit den Vereinigten Arabischen Emiraten die Arbeitsgruppe »Wirtschaftlicher Wiederaufbau und Entwicklung« alias »Verteilt das Fell des Bären, bevor er erlegt ist«. Dem dient auch das Projekt »Syrien – The Day After« der regierungsnahen Stiftung Wissenschaft und Politik.[196]

Schon 2011, zu dem Zeitpunkt ist die EU neben der Türkei und den arabischen Staaten der wichtigste Handels- und Wirtschaftspartner Syriens, verhängt die Europäische Union Sanktionen so umfassend, dass sie alles zuvor Dagewesene in Umfang und Vielfalt übersteigen. Die Entwicklungszusammenarbeit wird ausgesetzt, Darlehen und technische Hilfsprogramme der Europäischen Investitionsbank auf Eis gelegt, Verbot von Ölimporten – die Erlöse aus diesem Export in die EU hatten ein Fünftel der syrischen Staatseinnahmen ausgemacht –, Verbot europäischer Investitionen in die Energieerzeugung. Die Folgen sind katastrophal. Die Sanktionen hätten »dazu beigetragen, die syrische Gesellschaft zu zerstören: Sie lieferten sie Hunger, Epidemien und Elend aus«, schreiben kirchliche Würdenträger aus Syrien in einem dramatischen Appell von Mai 2016.[197] »Firmen, Stromwerke, Wasserwerke und Krankenhäuser sind gezwungen, zu schließen, weil sie keine Ersatzteile und kein Benzin bekommen können.« Das Embargo hindere Syrer, die im Ausland leben, ihre Familien mit Geld zu unterstützen. Bitter beklagen die Kirchenleute, dass man die Menschen, die nicht ins Ausland fliehen, in Syrien »aushungert, ihnen die medizinische Versorgung, Trinkwasser, Arbeit und die elementarsten Rechte verweigert«. Die Bundesregierung fördert derweil mit dem *Syria Recovery Trust Fund*, der Kreditanstalt für Wiederaufbau (KfW), nur Projekte »in von der gemäßigten Opposition kontrollierten Gebieten«.[198] Ganz offen setzt die Bundesregierung humanitäre Hilfe als Instrument der Politik ein. Das Auswärtige Amt bittet im Spätsommer 2012 die deutschen Hilfswerke und ihre Mitarbeitenden darum, in den Gebieten, die von der Freien Syrischen Armee kontrolliert werden, tätig zu werden – zur Not auch gegen den Willen der syrischen Regierung.[199] Dies widerspricht jeglichen Grundsätzen humanitärer Hilfe, nach denen sie unabhängig von der ethnischen, sozialen und religiösen Herkunft sowie der politischen Zugehörigkeit geleistet werden soll. Hinzu kommt, zu dem Zeitpunkt war bereits bekannt, dass die Hilfsorganisationen aufgrund der Sicherheitslage in den meisten Fällen die Hilfsgüter nicht selbst verteilen, sondern an die Rebellen übergeben. Die können und sollen dadurch im Sinne von »win hearts and minds« ihre Position verbessern.

Syrien ist zurzeit das einzige Land, in dessen Luftraum sich ungefragt Militärflugzeuge tummeln und auf das offensichtlich jeder, der kann, Bomben abwirft. Die USA bilden Tausende Kämpfer aus und bomben mit einer »Anti-IS-Allianz« zusammen mit Bahrain, Katar, Saudi-

Arabien und den Vereinigten Arabischen Emiraten. Auch die russische Luftwaffe fliegt und bombt. Die völkerrechtlichen Bewertungen der militärischen Aktionen Russlands auf der einen und der Vereinigten Staaten und anderer NATO-Staaten inklusive der Bundeswehr auf der anderen Seite unterscheiden sich fundamental. Den Beistand russischer wie auch iranischer Streitkräfte und der Hisbollah-Milizen hat die derzeitige Regierung Syriens im Rahmen ihres Selbstverteidigungsrechts erbeten. Dieser Einsatz widerspricht nicht dem Völkerrecht.

Die Militärschläge des Westens, die Intervention der NATO- und der Golf-Staaten ohne Zustimmung der syrischen Regierung hingegen wären nur dann völkerrechtlich vertretbar, wenn sie durch einen Beschluss des Weltsicherheitsrates der Vereinten Nationen autorisiert wären.[200] Das gilt auch für die Unterstützung dieser Intervention durch Einheiten der Bundeswehr. Deren Einsatz begründet die Bundesregierung mit dem »Selbstverteidigungsrecht« der Staaten gemäß Artikel 51 der Charta der Vereinten Nationen; sie stützt sich ferner auf die Resolution des Weltsicherheitsrats vom 12. Februar 2015 und weitere, die ISIS beziehungsweise den IS zum Gegenstand haben. Aber keine sieht militärische Zwangsmaßnahmen nach Kapitel VII der UNO-Charta vor. Die Bundesregierung stützt sich ferner auf Artikel 42 Absatz 7 des EU-Vertrags, der für die Europäische Union (!) einen »Bündnisfall« konstruiert, meint, wenn ein EU-Staat angegriffen wird, schulden alle anderen ihm Hilfe.[201] Eindeutig hat aber das Bundesverfassungsgericht in seinem Urteil zum Lissabon-Vertrag geklärt, dass die EU, jedenfalls bis jetzt, kein »kollektives Sicherheitssystem« im Sinne des Grundgesetzes ist. Zu Recht polemisierte daher der Völkerrechtler Daniel-Erasmus Khan: »Selbst auf drei wackligen Pfeilern lässt sich kein solides völkerrechtliches Gebäude errichten.«[202]

Dabei ist die Liste der Grundrechtsverstöße noch länger und die Bundesregierung erhält keine Absolution, nur weil Frank-Walter Steinmeier als scheidender Außenminister eingestand: »Ich halte die Syrien-Krise für eine Chronologie verpasster Chancen. Von Anfang an.«[203]

Denn die UNO definiert in einer Resolution der Generalversammlung vom 14. Dezember 1974 Aggression nicht nur als »das Entsenden bewaffneter Banden, Gruppen, Freischärler oder Söldner durch einen Staat oder in seinem Namen«, sondern auch eine »wesentliche Beteiligung« daran. Die Bundesregierung und ihre Verbündeten verstoßen daher gegen das Aggressionsverbot (Art. 2 Abs. 4 UN-Charta) und gegen die Pflicht zu friedlicher Konfliktlösung (Art. 2 Abs. 3 UN-Charta). Das Prinzip der souveränen Gleichheit der Staaten wird missachtet (Art. 2 Abs. 1 UN-Charta), das Verbot der Einmischung in die inneren Angelegenheiten eines anderen Staates (Art. 2 Abs. 7 UN-Charta). Auch wenn der Einsatz der russischen Luftwaffe demgegenüber keinen Verstoß gegen das Völkerrecht darstellt, ändert das nichts daran, dass Opfer unter der Zivilbevölkerung durch Luftangriffe oder andere Waffen zu verurteilen sind, ganz gleich, wer sie zu verantworten hat.

Kapitel 7

Gute Nachbarschaft mit Russland schafft Frieden in Europa

2017 ist nicht nur ein Wahljahr in Deutschland, sondern auch – weltweit – das hundertste Jahr der Oktoberrevolution. Aus beiden Anlässen wird eine Neuausrichtung der Russlandpolitik in der öffentlichen Diskussion eine wichtige Rolle spielen. Frieden in Europa geht nicht ohne Russland, deshalb muss die Russlandpolitik entgiftet werden. Die Botschaft der Oktoberrevolution war einfach und klar: Frieden – Land – Brot. Die Botschaft an die Bundesregierung heute ist auch einfach und klar: Macht uns die Russen nicht zu Feinden!

Jeder Dritte in Deutschland hält es inzwischen für möglich, dass es einen militärischen Konflikt mit Russland gibt. Das ist eine erschreckend große Minderheit, und sie wächst.[204] In Russland warnt Michail Gorbatschow vor der Gefahr eines Atomkriegs. Die Verrohung der zwischenstaatlichen Beziehungen, mediales Trommelfeuer und reale Drohgebärden – Frank-Walter Steinmeier hat das, als er noch Außenminister war, als »Säbelrasseln und Kriegsgeheul« bezeichnet – versetzen viele Menschen in Unruhe; nicht aus Furcht vor Russland, sondern aus Angst, dass Kriegsübungen, wirtschaftliche und verbale Aggressionen in einen militärischen

Konflikt umschlagen könnten. Schon behauptet die Kiewer Regierung, sie befinde sich in einem Krieg mit Russland. Aus Lettland, Estland, Litauen, Polen werden die Hilferufe lauter, weil sie sich von Russland unmittelbar bedroht fühlen. Nach dem Jugoslawien-Krieg hat der in der Ukraine schon über 10.000 Tote gefordert. Das ist der zweite Krieg nach 1945 auf europäischem Boden. In Europa drohen keine Kriege, sie sind schon da; noch räumlich eingehegt und nicht direkt zwischen den großen Mächten, aber sie können der Schwelbrand vor dem großen Feuer sein.

Auf das Kriegsgetöse reagiert Russland abwiegelnd, von Ausrutschern Einzelner abgesehen. Das Reden vom Krieg kommt nicht aus Russland, sondern von Regierungen von NATO-Staaten aus Mittel- und Osteuropa und US-Scharfmachern wie dem einflussreichen Senator McCain, Ex-Vizepräsident Joe Biden und Ex-Präsidentschaftskandidatin Hillary Clinton.

Die NATO und in und mit ihr auch Deutschland setzen bewusst auf Kriegsdrohungen und Kriegsfurcht. Über die NATO vervielfacht die Bundesregierung international ihr politisches Gewicht. Das Gleiche gilt übrigens für die Europäische Union. Als stärkstes Mitglied der EU kann Deutschland deren Richtung wesentlich prägen. So übt sie mehr Einfluss auf die Entwicklung Europas aus, als sie dies als einzelner Staat gekonnt hätte. Das gilt nicht im selben Maße für die NATO, dazu sind die Vereinigten Staaten zu prägend, aber auch über die NATO potenziert die Bundesregierung ihren außenpolitischen Einfluss. Deshalb wollen die Parteien CDU,

CSU, SPD und GRÜNE die NATO erhalten und stärken. »Die Bundesrepublik setzt, wie das Kaiserreich, den Krieg ständig ins außenpolitische Kalkül ein und richtet sich mit ungeheuren Kosten auf die Abwehr eines Angriffes ein, mit dem niemand sie bedroht«, schrieb der hellsichtige Publizist Sebastian Haffner. Als einziger europäischer Staat benehme sie sich, »als stände der Krieg vor der Tür, und als einziger europäischer Staat tut sie zugleich ihr Bestes, um eine Atmosphäre der Spannung, eine Vorkriegsatmosphäre zu schaffen und zu erhalten«.[205] In ihrer Selbstdarstellung und in der Wahrnehmung vieler wird der Bundesregierung eine eher beschwichtigende, deeskalierende Rolle im Verhältnis des Westens zu Russland zugeschrieben. Dabei wird übersehen, dass die Sanktionen der EU als Bestrafung Russlands wesentlich von Deutschland abhängen. Die Sanktionen sind eines der Mittel von ökonomischer Kriegsführung, die zu anderen Formen eskalieren können. Deshalb trifft es nicht zu, dass die Russland-Sanktionen einen Krieg verhindert hätten. Friedlicher ist es in der Ukraine seitdem auch nicht geworden. Manche sehen die Bundesregierung in der Ukraine-Frage als Marionette der USA, eine etwas grobe Vereinfachung. Die bisherige Linie der US-Administrationen gegenüber Russland unterscheidet sich in manchem von der deutschen. Das liegt an den jeweils unterschiedlichen, namentlich wirtschaftlichen, Interessen. Als der EU-Kommissionspräsident Barroso, ein ausgewiesener Atlantiker, 2013 eine Entscheidung Kiews entweder für Brüssel oder für Moskau forderte, hielten Merkel und Steinmeier noch ein Sowohl-als-auch für möglich.[206] Gekämpft haben sie dafür nicht. Die Bundesregierung hat sich gegen die von den USA betriebene Schulung und die Bewaffnung der Kiewer Armee mit Offensivwaffen gewandt und sie auch nicht mitgetragen, wobei der Unterschied zwischen Offensiv- und Defensivwaffen nicht immer auszumachen ist. Deutlicher als die USA hat sie sich für den Minsker Waffenstillstandsprozess engagiert. Das sind graduelle Unterschiede, deshalb nicht unwichtig, aber eher taktischer als strategischer Natur. Sie tangieren nicht den fatalen antirussischen Charakter der deutschen Politik. Sie ist Teil des Versuchs, Russland zu isolieren. Da der Druck in diese Richtung nur über Westeuropa aufgebaut werden konnte und Deutschland hier wesentlichen Einfluss hat, ist die Bundesregierung in der vorderen Front mitverantwortlich für das beklagenswerte Ergebnis.

Die deutsche und europäische Russlandpolitik sind Teil einer globalen Umgruppierung der Kräfte. »Im Untergrund dieser Veränderung, in den Tiefenschichten der Weltgeschichte, vollzieht sich die gleichsam tektonische Verschiebung des weltwirtschaftlichen Schwerpunkts vom nordatlantischen Raum nach Asien.«[207] Deutschland, Westeuropa und die USA sind derzeit Teil der Kräfte, die die Dominanz der ersten Welt aufrechtzuerhalten trachten. Längerfristig ist das ein aussichtsloses Unterfangen, umso verbissener wird es in der Gegenwart verfolgt. Das ist der Zusammenhang, in dem sich die Sanktionen, die Osterweiterung von EU und NATO, das »Kriegsgeheul und Säbelrasseln« bewegen. Und wie historisch immer, wenn alte Mächte ab- und neue aufsteigen, liegt zugleich Krieg in der Luft. Ob er ausbricht oder nicht, wird allerdings nicht mehr, wie in den vorherigen zwei Weltkriegen, in Europa entschieden, denn die Bruchlinien zwischen Aufstieg und Niedergang haben sich in den pazifischen Raum verlagert, wo sich China und die USA einander gegenüberstehen. Für den Politikwissenschaftler Erhard Crome ist die entscheidende Frage der nächsten zehn Jahre: »Zwingt China im Bündnis mit Russland und Indien die USA und die NATO, den großen Krieg nicht auszulösen? Oder zwingen USA und NATO die übrige Welt in einen neuen großen Krieg?«[208]

Auf diesem existenziellen Hintergrund vollzieht sich die Neuordnung Europas, die mit ihren Kriegen, Aggressionen, mit der Ausgrenzung Russland eher chaotisch als ordnend erscheint. Der Schlüssel zur Ordnung liegt im Verhältnis Westeuropas und Deutschlands zu Russland, das derzeitig gekennzeichnet ist durch die Sanktionen und die militärische Einkreisung. In beiden Fällen werden die Entwicklungen der letzten Jahre nicht auf einen Schlag zurückgenommen werden, aber für eine Entgiftung des Klimas ist ein Einstieg in den Ausstieg nötig.

Dafür, dass bessere Beziehungen zu Russland möglich werden könnten, sprechen Forderungen und Interessen eines größeren Teils der deutschen Wirtschaftseliten, dichte Netzwerke der Zusammenarbeit von unten und eine noch zu geringe, aber in Ansätzen vorhandene parlamentarische Unterstützung. Und es sprechen dafür Wünsche und Bedürfnisse der Bevölkerung. Laut einer Umfrage vom Juli 2016 stimmen 88 Prozent der Befragten der Aussage zu, der Westen solle sich stärker um einen Dialog mit Russland bemühen. Und pari-pari ist das Verständnis dafür, dass Russland sich vom Westen bedroht fühlt.[209] Gegen ein deutlich besseres Verhältnis zu Russland sprechen die Regierungspolitik der Großen Koalition, der Mainstream der Medien, der eindeutig transatlantisch gedrillt ist, und die andere Seite des Alltagsbewusstseins von Teilen der Bevölkerung, vor allem in Westdeutschland, in dem das Feindbild vom asiatisch-aggressiven Russland (noch immer) fortlebt. Das Kräfteverhältnis zwischen diesen Polen schließt eine positive Veränderung der deutsch-russischen Beziehungen nicht aus. Alles, was dafür nötig ist, ist schon angelegt, allein: Es fehlt die politische Durchsetzungsfähigkeit. Meinungen und Haltungen eilen Taten voraus, aber sie selbst sind noch keine Taten. »Macht uns die Russen nicht zu Feinden« mobilisiert nicht – oder viel zu wenig – zu Kundgebungen und Demonstrationen, nicht zu Unterschriftensammlungen, hat noch keinen Platz in den etablierten Parteien gefunden. Noch ist die Sorge, als Putin-Versteher/Putin-Versteherin stigmatisiert oder nicht für voll genommen zu werden, groß, und die Chancen für eine andere Russlandpolitik erscheinen klein. Die deutschen Eliten halten sich weitgehend zurück, sie verzichten eher auf lukrative Geschäfte, als sich mit den Transatlantikern anzulegen, die das öffentliche Klima bestimmen – in der Meinungsbildung, der Politik und in der Bundesregierung. Frank-Walter Steinmeier hat das klar und knapp auf den Punkt gebracht:

»Wir sind der Überzeugung, dass das transatlantische Verhältnis das Fundament des Westens ist.«[210] Dafür ist die Bundesregierung bereit, sehr viel zu geben.

Vielleicht stärkt die zunehmende Kriegsangst den in Deutschland und Russland verbreiteten Wunsch nach guter Nachbarschaft. Angst kann ein politisch lähmender Faktor sein. Derzeit ist das wohl so. Angst kann aber auch ein Motor für politische Bewegungen sein. Das war sie für die Friedensbewegung in der Bundesrepublik gegen Cruise Missiles und Pershing II oder die Anti-Atombewegungen. Sie haben die Ängste der Bevölkerung aufgegriffen, artikuliert und in Mut umgewandelt.

In der DDR waren gute Beziehungen zur Sowjetunion in der Verfassung verankerte Staatspolitik und entsprachen der Parteilinie der SED. Aber sie waren auch Teil des Alltags. Der Kontakt zu den hier stationierten Einheiten der Roten Armee erschöpfte sich nicht in ritualisierten Freundschaftsbeziehungen von Brigaden oder Schulklassen. Es lernten sich dabei Menschen kennen. Auch über Freundschaftszüge und gemeinsame Ferienlager, Städtepartnerschaften, Studienaufenthalte, wissenschaftliche Zusammenarbeit, Sport- und Kulturbeziehungen, Betriebspatenschaften, Parteiverbindungen oder bei der BAM. Viele junge Leute aus der DDR haben an der Baikal-Amur-Magistrale (BAM) in Sibirien oder der Erdgastrasse »Sojus« von Orenburg an die sowjetische Westgrenze gearbeitet. Diese Großprojekte galten als Zeichen der Freundschaft und gegenseitigen Hilfe. Das waren sie auch. Zusätzlich wurden längerfristige Einsätze belohnt mit guter Bezahlung und dem einen oder anderen Vorteil, etwa zum vorzeitigen Erhalt eines Pkw, auf den üblicherweise etwa fünfzehn Jahre gewartet werden musste. In den vielschichtigen verschiedenen Verbindungen lernte man sich gut kennen. Schließlich wusste man mehr voneinander, von den Eigenarten, der Geschichte, Kultur, den Stärken und Schwächen der jeweiligen Gesellschaften und Länder. Das ging sogar in die Sprache ein. Noch immer wird in Ostdeutschland oft von Russland als von den »Freunden« gesprochen.

In Westdeutschland waren über viele Jahre bessere Beziehungen zu Russland der Wunsch einer Opposition. Gestalt nahmen sie erst mit den Ost-Verträgen an, die ihrerseits Ausdruck von Bewusstseinsveränderungen in Teilen der Bevölkerung waren. Die Rede des Bundespräsidenten von Weizsäcker 1985 zum 40. Jahrestag der Befreiung vom Hitlerfaschismus markiert einen Wendepunkt. War bis dahin dieses Datum und das Verhältnis zur Sowjetunion von der Begrifflichkeit »Niederlage«, »Kapitulation«, »Besatzung« geprägt, sprach von Weizsäcker erstmals quasi offiziell von der »Befreiung«. Er wusste, was er vielen seiner Mitbürgerinnen und Mitbürgern abverlangte, wenn er sagte: »Der 8. Mai ist ein Tag der Erinnerung. Erinnern heißt, eines Geschehens so ehrlich und rein zu gedenken, dass es zu einem Teil des eigenen Inneren wird. Das stellt große Anforderungen an unsere Wahrhaftigkeit.«[211] Wie schon die Ostverträge, so ist auch diese Rede sowohl Resultat der Veränderung des Alltagsbewusstseins als auch der Anstrengung, es zu verändern als Auftrag der Politik. Sebastian Haffner spricht in diesem Zusammenhang präziser von »nationalen Mentalitäten« und erinnert daran, dass Schweden im 17. und 18. Jahrhundert »eine nicht weniger kriegerische und ehrgeizige Großmacht gewesen (ist), als es das Deutsche Reich in den Zeiten Wilhelm II. und Hitlers war. Die Bundesrepublik und die DDR sind nicht wie Schweden neutrale Staaten geworden, aber die Bundesrepublik hat – ähnlich wie Schweden – begonnen, sich von der kriegerischen und ehrgeizigen Epoche der deutschen Geschichte zu lösen.«[212] Obwohl sie relativ jung ist, erweist sich diese »nationale Mentalität« als bemerkenswert stabil. Die herrschende politische Klasse orientiert sich jedoch schon wieder rückwärts auf »kriegerische und ehrgeizige« Epochen.

Unten ist das noch nicht wirklich angekommen in der Sphäre der »Volksdiplomatie«. Die ist vor allem dann gefragt, wenn zwischen Staaten Funkstille herrscht statt Dialog. Der Begriff »Volksdiplomatie« und seine Bedeutung sind nicht neu. Bereits in den 1920er Jahren hat der damalige Volkskommissar für Auswärtige Beziehungen der jungen Sowjetunion, Georgi Tschitscherin, während des Bürgerkriegs und der ausländischen Intervention zusammen mit Lenin eine Vielzahl von Aufrufen an die Arbeiter, Bauern und Intellektuellen des Auslands verfasst. Das war eine neue Form der Diplomatie – über die Köpfe der Regierungen hinweg, von Volk zu Volk.[213]

Deutsch-Russisches Forum und Petersburger Dialog

Auch heute ist dieses »über die Köpfe der Regierungen hinweg« Agieren hinsichtlich der Beziehungen zu Russland ganz aktuell. Auf Regierungsebene wird nur das Nötigste miteinander gesprochen, politische und wirtschaftliche Sanktionen machen das Miteinander noch schwieriger, man wird sich fremd. Man kann und will einander nicht mehr verstehen.

Da ist es gut, wenn es »über die Köpfe der Regierungen hinweg« in vielerlei Form Kontakte der Zivilgesellschaften gibt: Städtepartnerschaften, Jugendaustausch, Ausstellungen, thematische Reisen, Konferenzen. In Deutschland ist das Deutsch-Russische Forum heute wohl die wichtigste Einrichtung, die auf vielerlei Weise den Dialog fördert. »Die Rolle des Deutsch-Russischen Forums hat sich seit Beginn der Ukraine-Krise sehr verändert«, erläutert der Geschäftsführer des Forums, Martin Hoffmann, im Gespräch. »Bis dahin hatte für die russische Führung immer die wirtschaftliche Zusammenarbeit mit Deutschland im Vordergrund gestanden. Plötzlich war das DRF der einzige Hoffnungsträger, auf den alles projiziert wird, was es an Zusammenarbeit in Politik, Wirtschaft und Kultur gab und was derzeit nicht mehr funktioniert.« Auf der anderen Seite sei für ihn unverständlich, dass die deutsche Seite nicht viel mehr die zivilgesellschaftlichen Kontakte nutzt, wie das Jahr des deutsch-russischen Kulturaustausches oder das Jahr des deutsch-russischen Jugendaustausches, um mit Russland im Gespräch zu bleiben. Im Gegenteil – das

Deutsch-Russische Forum steht unter einem ständigen Rechtfertigungsdruck, anstatt Unterstützung von den politisch Verantwortlichen zu bekommen. Allerdings würde es solche »Kreuzjahre« des Kultur- oder Jugendaustausches ohne eine gewisse Unterstützung von staatlicher Seite nicht geben, räumte Hoffmann ein. »Aber man tut sich gegenwärtig sehr schwer mit allem, was Russland betrifft.«

Die bedeutendste Veranstaltung, an der das Deutsch-Russische Forum maßgeblich mitwirkt, ist der »Petersburger Dialog«. Gegründet wurde er im Jahr 2001 auf Initiative des damaligen Bundeskanzlers Gerhard Schröder und des russischen Präsidenten Wladimir Putin. Obwohl rechtlich eigenständig, nahm das Deutsch-Russische Forum organisatorisch, personell und inhaltlich von Anfang an den Großteil der Aufgaben bei der Vorbereitung und Durchführung des Petersburger Dialogs wahr. Der erfuhr eine zusätzliche politische Aufwertung durch die bis 2012 parallel stattfindenden deutsch-russischen Regierungskonsultationen. In den Arbeitsgruppen des Petersburger Dialogs, die sich auch zwischen den Großveranstaltungen mehrmals im Jahr zu Arbeitsgesprächen treffen, wurden nicht nur aktuelle Themen diskutiert, sondern es entstanden auch konkrete Projekte.

Im November 2014 nahm die deutsche Seite eine grundlegende Umgestaltung des Petersburger Dialogs vor. Ausgangspunkt waren Proteste des damaligen Russlandbeauftragten der Bundesregierung, des verstorbenen Andreas Schockenhoff von der CDU und der Ostbeauftragten der Bundestagsfraktion von Bündnis 90/DIE GRÜNEN, Marieluise Beck. Es ging nicht, wie immer behauptet wird, um eine weitere Öffnung des Petersburger Dialogs zur Zivilgesellschaft, sondern tatsächlich um die Absetzung des Vorsitzenden des deutschen Lenkungsausschusses, Lothar de Maizière (CDU), der ihnen zu russlandfreundlich erschien. Aus dem Kanzleramt gab es dann schließlich entsprechende Empfehlungen, sie hatten mehr den Charakter von Weisungen, an die Adresse des Deutsch-Russischen Forums und des Petersburger Dialogs.

Im Ergebnis wurde der frühere Kanzleramtsminister und derzeitige Vorstand der Deutschen Bahn, Ronald Pofalla, neuer Vorsitzender des deutschen Lenkungsausschusses, »Königsmörderin« Marieluise Beck wurde mit dem Stellvertreter-Posten belohnt. Die Anzahl der Mitglieder des Petersburger Dialogs wurde von 25 auf 61 erhöht, unter den neuen Mitgliedern mehrere, die weniger am Dialog interessiert sind, als vielmehr daran, ihre antirussische Grundausrichtung zur Geltung zu bringen. Ein krasses Beispiel ist Dr. Anna Veronika Wendland, Osteuropahistorikerin am Herder-Institut für historische Ostmitteleuropaforschung. Auf ihrer *Facebook*-Seite (10. April 2015) äußert sie sich über Russland so: »Die russische Mehrheitsgesellschaft – und die politische Klasse mit dem sie kontrollierenden Sicherheitsapparat sowieso – ist auf dem Wege nicht nur der Restalinisierung, sondern auch der inneren Querfront-Faschisierung.« Wenige Wochen nach dem Petersburger Dialog, an dem sie teilnahm und wo sie geradezu militant das Vorgehen der ukrainischen Führung im Donbass-Konflikt verteidigte, zitiert sie genüsslich eine »schonungslose Russland-Analyse«: »›Wir sollten uns von der (auch bei uns sehr beliebten) Vorstellung verabschieden, dass in Russland ein böser Herrscher ein an und für sich gutes Volk unter seiner Fuchtel hätte‹, sagt der an seinem Land verzweifelnde Russe Anatolij Babtschenko. Der Weg führe unweigerlich nach unten, ob mit, ob ohne Putin; Putin gebühre allenfalls das Verdienst, diesen Prozess immens beschleunigt zu haben. ›Unser Land ist heute ein Land internationaler Terroristen, Halsabschneider, schwachsinniger Stalinophiler, Obskuranten und eines wilden, ungezügelten Diebspacks. Weil sowohl die innere als auch die äußere Agenda von eben diesen Bevölkerungsgruppen bestimmt wird, und nicht vom guten Volk.‹«

Mit solchen Partnern ist die Vereinsarbeit nicht einfacher geworden. Der grün-schwarzen Putztruppe ist es zwar gelungen, den Petersburger Dialog öffentlich zu diffamieren, sie konnte jedoch die dialogorientierte Arbeit des Vereins nicht vollständig eliminieren. Allerdings gibt es auch auf der russischen Seite Entwicklungen, die eine Zusammenarbeit der beiden Zivilgesellschaften nicht unbedingt einfacher machen. Da ist das seit 2012 geltende sogenannte NGO-Gesetz zu nennen, das Nichtregierungs-Organisationen (NGO) in Russland, die Gelder aus dem Ausland erhalten, verpflichtet, sich als »ausländische Agenten« zu registrieren. Nun hat im Russischen noch mehr als im Deutschen das Wort »Agent« die zweite Bedeutung eines »Vertreters«

(Versicherungsagent). Es sollen sich also nicht Spione registrieren lassen, das wäre auch ein hoffnungsloses Unterfangen. Das russische Gesetz orientiert sich an dem Foreign Agents Registrations Act (FARA), das in den USA seit 1938 gilt. Für Russland kommt es eigentlich 25 Jahre zu spät. Anfang der 1990er Jahre überfluteten Hunderte ausländische Organisationen aus dem Westen Russland, ausgestattet mit reichlich Geld, um in der Bevölkerung ihre Botschaften zu verbreiten. Wichtige von ihnen sind heute noch da, ohne sie keine Strategie des Regime-Changes. Aber insgesamt ist heute die Situation deutlich übersichtlicher; so betrifft das Gesetz auch Organisationen und Einrichtungen wie das Meinungsforschungsinstitut Lewada oder die Menschenrechtsorganisation Memorial, die mit ihren russischen Partnern eine anerkannte Arbeit leisten.

Der Petersburger Dialog hat eine große Bedeutung, weil in ihm Politik und Gesellschaft aufeinandertreffen. Unabhängig von Differenzen in einzelnen Fragen oder Anwürfen von außen darf die Chance, die darin liegt, nicht vertan werden. »Nach der Verhängung der Sanktionen und der Einstellung der Regierungskonsultationen gab es kein Format mehr, in dem offiziell zwischen Deutschland und Russland gesprochen wird«, macht Pofalla deutlich. »Der Petersburger Dialog ist die einzige Gesprächsform, die von russischer und deutscher Seite akzeptiert wird. Der russische Ministerpräsident Medwedjew bezeichnete es mir gegenüber als ein positives Zeichen, dass der Petersburger Dialog wieder in Gang gekommen ist«.[214] Für den Fall, dass die Krise in der Ost-Ukraine reguliert wird und die gegenseitigen Sanktionen aufgehoben werden, besteht, Pofalla zufolge, die Möglichkeit, dass die derzeit ausgesetzten deutsch-russischen Regierungskonsultationen parallel zum Petersburger Dialog wiederaufgenommen werden. Auch der Vorsitzende des russischen Lenkungsausschusses, Viktor Subkow, sieht im Petersburger Dialog gegenwärtig praktisch die einzig reale Plattform, auf der ein Austausch zwischen den beiden Zivilgesellschaften stattfindet. Deshalb würden in nächster Zeit einige große Projekte, die zwischen Deutschland und Russland geplant sind, über den Petersburger Dialog laufen. Eins, das schon länger läuft, soll hier einmal etwas ausführlicher vorgestellt werden, um einen Eindruck von der Nachhaltigkeit und dem Tiefgang gemeinsamer Projekte zu vermitteln. Es ist das Koch-Metschnikow-Forum, das erfolgreich für eine engere Zusammenarbeit beider Länder im Gesundheitsbereich wirkt. Im Jahr 2006 in Dresden im Beisein von Merkel und Putin gegründet, ist das Koch-Metschnikow-Forum inzwischen erwachsen geworden.

Zunächst wurden die Sektionen Tuberkulose, HIV/Aids, Virusdiagnostik und e-Health gebildet, in denen bis heute ein reger Erfahrungsaustausch zwischen deutschen und russischen Spezialisten – durch Kongresse und Symposien, gegenseitige Hospitationen und Forschungsprojekte – stattfindet. Eine enge Verbindung gibt es in Forschung, Lehre und Patientenversorgung mit der St. Petersburger Staatlichen Nordwestlichen Medizinischen Metschnikow-Universität.

Im Laufe der Arbeit des Koch-Metschnikow-Forums sind weitere Felder der Zusammenarbeit hinzugekommen, wie Endokrinologie und Diabetologie, Klinische Pharmakologie, Medizintechnologie, Mikrobiologie und Krankenhaushygiene, Mutter und Kind, Nierentransplantation und Dialyse, Nephrologie und Medizinische Genetik, Notfall- und Katastrophenmedizin, Öffentliche Gesundheit/Public Health, Onkologie, Chronobiologie und Pflegewissenschaften. Quasi »geadelt« wurde das Koch-Metschnikow-Forum durch die Aufnahme seines Mitbegründers und Leiters, Prof. Dr. med. Helmut Hahn, als ausländisches Mitglied in die Russische Akademie der Wissenschaften. Außerdem schlossen im vergangenen Jahr das Koch-Metschnikow-Forum und die Russische Akademie der Wissenschaften eine Rahmenvereinbarung zur Zusammenarbeit mit dem langfristigen Ziel der Gründung einer »Deutsch-Russischen Koch-Metschnikow-Akademie für lebenslanges Lernen in der Medizin«. Bei dieser neuen Qualität der Kooperation stehen die Vermittlung von neuem medizinischen Wissen und Techniken, die Reduzierung der Morbidität und die Verbesserung der Lebensqualität im Mittelpunkt. Zudem lobte die russische Gesundheitsministerin Skworzowa Hahn im Hintergrundgespräch für den »umfangreichen, ergebnisorientierten Beitrag des Koch-Metschnikow-Forums zur Entwicklung des Gesundheitswesens in Russland«.

Ostausschuss der deutschen Wirtschaft

Der Ostausschuss der deutschen Wirtschaft wurde 1952 gegründet. Er agiert als gemeinsame Interessenvertretung deutscher Unternehmen in Osteuropa, besonders in Russland und macht dafür Lobbyarbeit in Deutschland. Die Liste der Mitglieder und Trägerverbände des Ostausschusses umfasst derzeit 130 Unternehmen. Sie liest sich wie ein »Who is who« der deutschen Wirtschaft, vom BDI bis zum Zentralverband des deutschen Handwerks, von Siemens, das bereits seit 160 Jahren in Russland tätig ist, über Knauf, das seit mehr als 20 Jahren in die Baustoffproduktion in Russland rund zwei Milliarden investiert hat, bis zum Landmaschinen-Hersteller Claas, der durch den Aufbau einer Produktion in Russland als erstes deutsches Unternehmen den – steuerlich günstigen – Status eines einheimischen Betriebes erreicht hat.

Die Sanktionspolitik hat die Geschäftsbeziehungen zwischen deutschen und russischen Unternehmen deutlich beeinträchtigt. Neben dem Handelsvolumen ist auch die Zahl der in Russland ansässigen deutschen Firmen von circa 6.000 auf 5.600 gesunken. Die deutschen Wirtschaftseliten treten für die Aufhebung von Sanktionen zumindest mittelfristig ein. Trotzdem fehlt eine energische Durchsetzungsstrategie für diese Position. Persönlichkeiten wie Berthold Beitz, der frühere Krupp-Manager, sind heute in der Wirtschaft rar geworden. Der Einfluss des Ostausschusses der deutschen Wirtschaft ist auch nicht mehr das, was er einmal war.

Städtepartnerschaften

Ein Hoffnungsträger für die Entwicklung der deutsch-russischen Beziehungen und beredter Ausdruck einer funktionierenden »Volksdiplomatie« sind die bislang 93 Städtepartnerschaften zwischen deutschen und russischen Kommunen. Die russische Seite ist traditionell stark an dieser Form der Kontakte interessiert. Unter dem Motto »Den Frieden bewahren und Begegnungen ermöglichen, statt neue Hürden zu errichten« fand im Juni 2015 in Karlsruhe die 13. Deutsch-Russische Städtepartnerkonferenz statt mit 600 Vertretern aller deutsch-russischen Partnerschaften.

»Im Mittelpunkt der Arbeit gesellschaftlicher Organisationen steht vor allem die Frage der Begegnungen der Bürger, denn insbesondere die Städtepartnerschaften leben vom gegenseitigen Kennenlernen und vom Abbau von Vorurteilen«, erklärte der Vorsitzende des Bundesverbandes Deutscher West-Ost-Gesellschaften, Peter Franke, auf der Konferenz. Er kritisierte die Bundesregierung dafür, dass sie die Visabestimmungen gegenüber Russland weiter verschärft, statt sie zu erleichtern. Damit erschwere sie die Arbeit der von ihm als »Zeit- und Ideenstifter« bezeichneten Ehrenamtlichen erheblich.

Karlsruhe hat eine lebendige Städtepartnerschaft mit dem südrussischen Krasnodar. Eine enge Zusammenarbeit gibt es im Bildungs- und im Gesundheitswesen, der Wirtschaft oder auch der Stadtparlamente. »Trotz angespannter politischer Großwetterlage gedeiht unsere partnerschaftliche Zusammenarbeit«, freut sich Krasnodars Oberbürgermeister Vladimir L. Evlanov und ergänzt ganz unbescheiden: »Die Volksdiplomatie ist wichtiger als die Diplomatie zwischen den Ländern.« Das klingt nach einem guten Gastgeber der 17. Städtepartnerkonferenz, die 2017 in seinem Krasnodar stattfinden wird. Ein Diskussionsgegenstand wird dort sicherlich zum wiederholten Mal die Visafreiheit sein. Die Verhandlungen dazu sind auf Regierungsebene völlig zum Erliegen gekommen, unten, in den Partnerstädten, spüren aber alle, wie dringend sie Visafreiheit brauchen. Unter der Knute des Visazwangs kann sich Jugend- und Studierendenaustausch nicht oder kaum entwickeln. Auch in diesem Bereich könnte ein Einstieg in den Ausstieg sinnvoll sein, wenn wenigstens für bestimmte Gruppen oder Bereiche der Visazwang aufgehoben wird.

Zwei weitere Beispiele – die partnerschaftlichen Beziehungen von Nishnij Nowgorod und Wolgograd. Im Rahmen der bereits 25-jährigen Städtepartnerschaft zwischen Essen und Nishnij Nowgorod ist es beispielsweise für Schulabgänger möglich, ein freiwilliges soziales Jahr in dem jeweils anderen Land zu leisten.

Enge Kooperationen zwischen der Stadt an der Ruhr und der an der Wolga bestehen vor allem im akademischen Bereich, so zwischen der Fakultät für Geisteswissenschaften der Universität Duisburg-Essen mit der Staatlichen Linguistischen Dobroljubow-Universität Nishnij Nowgorod, zwischen der Medizinischen Fakultät der Universität Duisburg-Essen und der Staatlichen Medizinischen Akademie Nishnij Nowgorod mit einem jährlichen Medizinstudentenaustausch. Für russische Germanistik-Dozenten und -Studenten der Linguistischen- und der Lobaschewsli-Universität Nishnij Nowgorod werden Studienaufenthalte in Essen organisiert. Die Zeitungen *WAZ* und *NRZ* vergeben jährlich vier Pressestipendien städtepartnerschaftlich an Studierende aus Nishnij Nowgorod.

Wolgograd, die Stadt, die zum Symbol für die unter so großen Opfern herbeigeführte Wende im Großen Vaterländischen Krieg wurde, hat viele Partnerstädte und -regionen rund um den Globus: von Coventry (Großbritannien), Ostrava (Tschechien), Bratislava (Slowakei), Köln und Chemnitz (Deutschland) über Jilin San (China) bis Cleveland/Ohio und Orlando/Florida in den Vereinigten Staaten. Einmal im Jahr lädt die Stadt Wolgograd zum »Dialog an der Wolga: Frieden und Verständigung im 21. Jahrhundert« ein. 2016 war der Autor unter den Gästen. Im »Dialog an der Wolga« geht es nicht um Politik im Diplomatensprech, sondern vor allem um den Dialog auf der Ebene von Kommunen und Vereinen, um den Gedankenaustausch zwischen den von der Politik Betroffenen. Die Teilnehmer riefen von ihrem Treffen 2016 dazu auf, »ungeachtet der jetzigen Eiszeit zwischen dem Westen und Russland weitere Projekte (zu) vereinbaren, um die Kontakte zwischen unseren Städten auf vielerlei Gebieten auszubauen und vor allem für ›Tauwetter‹ zu sorgen, das bis in die große Politik durchschlägt«. Um diese Kraft zu entfalten, brauchen sie viele und vieles, unbedingt auch Kultur – und Sport. Der Gouverneur des Wolgograder Gebietes,

Andrej Botscharow, versprach, »wir wollen sie zu einem Fest der Freundschaft und Verständigung machen«.

1992 wurde eine Vereinbarung zwischen der russischen Regierung und der Deutschen Kriegsgräberfürsorge über die Bestattung der vom Schlachtfeld geborgenen deutschen Soldaten (Stalingrader Schlacht) getroffen. Sie wurden jetzt auf einem Gräberfeld direkt neben den Gräbern der sowjetischen Gefallenen in Rossoschka beerdigt – Tausende deutsche neben Zehntausenden sowjetischen Soldaten. Am Schnittpunkt der Hauptwege zwischen deutschem und russischem Gräberfeld wurde eine Friedenskapelle errichtet, die die Versöhnung zwischen den Völkern symbolisieren soll. Die Deutsche Kriegsgräberfürsorge spielt eine wichtige Rolle in der Zusammenarbeit mit zivilgesellschaftlichen Organisationen in Russland.

Dass der Zweite Weltkrieg in deutschen Schulen in nur 153 Minuten abgehandelt wird, ist nur ein Indiz dafür, dass es sicher auf der deutschen, aber wahrscheinlich auf beiden Seiten Defizite in der Beschäftigung und Auseinandersetzung mit der deutsch-russischen Geschichte gibt und großen Nachholbedarf. Der wird jetzt abgebaut. Im Jahre 2015 ist der erste von drei Bänden eines deutsch-russischen Geschichtsbuches erschienen: *Deutschland und Russland: Stationen gemeinsamer Geschichte – Orte der Erinnerung. Das 20. Jahrhundert*, das gleichzeitig in Deutsch und Russisch herausgegeben wurde. Das historiographisch einzigartige Werk umfasst 20 Kapitel, in denen deutsche und russische Historiker gemeinsam wichtige Schlüsselereignisse des

20. Jahrhunderts beleuchten. In vierzehn Fällen einigte man sich auf einen gemeinsamen Text; in sechs Fällen ist es zum Abdruck zweier Texte gekommen, um dem Leser den Blick auf unterschiedliche Bewertungen von Ereignissen zu ermöglichen. Das Gesamtvorhaben ist auf drei Bände angelegt und wird den Zeitraum vom 18. bis zum 20. Jahrhundert abdecken.

Weitaus schwieriger ist die Erstellung eines gemeinsamen Textes über die deutsch-russischen Beziehungen für ein Schulbuch zum Geschichtsunterricht. »Hier gehen unsere Auffassungen über die Bewertung bestimmter Ereignisse doch noch zu weit auseinander«, erklärt auf interessierte Nachfrage Dr. Robert Maier, Leiter der Abteilung Europa am Georg-Eckert-Institut (GEI), Braunschweig. Dennoch gab es ab 1994 mehrere Schulbuchkonferenzen zu den Themen »Der Wandel der Bilder und der Platz der Nationalitäten im neuen russischen Bildungssystem«, »Das kaiserliche Deutschland und das zaristische Russland. Zwei Imperien an der Schwelle des 20. Jahrhunderts und ihre Aufarbeitung in Historiographie und Schulbuch«, »Der Umgang mit der sozialistischen Vergangenheit im Schulbuch« sowie »Auferstanden aus Ruinen. Mythen – Tabus – Erinnerungen zur Nachkriegszeit als Thema des Geschichtsunterrichts«. Seit 2002 werden die russischen Partner in Georg-Eckert-Institut-Projekte integriert und können auch eigene Projekte einbringen. Hauptpartner des GEI ist die Akademie für den öffentlichen Dienst (VAGS) in Wolgograd, auch zum Institut für Weltgeschichte der Russischen Akademie der Wissenschaften gibt es Kontakte.

Friedensbewegung

Zur Volksdiplomatie gehören die russländischen und Friedensbewegungen aus Deutschland; dies unter dem Vorbehalt, dass es schwierig ist, auf der russischen Seite selbständige und aktive Träger friedenspolitischer Aktionen zu finden. Solche Aktivitäten wie Friedensmärsche Deutschland-Russland oder die internationale Radfernfahrt für den Frieden (*Course de la Paix*) gibt es nicht mehr. Völkerverbindend überqueren noch und wieder Aktive von *Bike for Peace and new Energy* (www.bikeforpeace.net) Grenzen, mal zwischen Frankreich und Deutschland oder Italien und Deutschland, manches Jahr fahren sie bis nach Moskau und weiter nach Peking oder, wie für 2020 geplant, über Moskau, dann streckenweise mit der Transsibirischen Eisenbahn, nach Hiroshima. Andere suchen auf einer Auto-Friedensfahrt Berlin-Moskau oder von anderen Süd-, Ost-, Westrouten nach Moskau Gespräche und Austausch zum friedlichen Zusammenleben (www.druschba.info). Derartige gemeinsame Initiativen oder auch gemeinsame Friedenskongresse bilden eher die Ausnahme. Der Weltkongress des IPB (*International Peace Bureau*), der 2016 in Berlin stattgefunden hat, deutete an, über welche Mobilisierungskraft die Friedensbewegung verfügen könnte, wenn sie sich weniger mit inneren Debatten befasste. Über 1.000 Gäste aus 80 verschiedenen Ländern nahmen daran teil. Dies war ein eindrucksvolles Zeichen, welches vor allem das Streben nach weltweitem Frieden widerspiegelt. Der weltweite Frieden kann nicht ohne eine starke Zivilgesellschaft erreicht werden, ganz besonders nicht ohne eine wieder auflebende, kooperierende und effektive Friedensbewegung.

Etwas Wehmut mischt sich inzwischen in die Erinnerungen an die großen Zeiten der Friedensbewegung im Westen, als sie zu Beginn der 1980er Jahre im Kampf gegen die »Nachrüstung« genannte Aufrüstung und gegen die Stationierung von Mittelstreckenraketen an der Systemgrenze zwischen BRD und DDR Hunderttausende in den Bonner Hofgarten mobilisierte und mit einem dichten Netz von Friedensinitiativen – Lehrer für den Frieden, Juristen, Soldaten, Pastoren für den Frieden, jede Berufsgruppe hatte ihren Zusammenschluss für den Frieden – eng mit der Bevölkerung verbunden war, als Künstler für den Frieden Stadien und große Hallen füllten und die Bewegung Parteien und Politik veränderte. Oder als 2003 eine halbe Million Menschen in Berlin gegen den Irak-Krieg demonstrierte.

Nach der Wende konnte die Friedensbewegung einen großen und wichtigen Erfolg auf einem bis 1990 von den russischen Streitkräften genutzten Truppenübungs- und Bombenabwurfplatz erzielen. Mit langem Atem und bunten Aktionen konnte in der Kyritz-Ruppiner Heide in Nordwestbrandenburg verhindert werden, dass die Bundeswehr dieses Gelände als »Bombodrom«weiter betreibt. Die Heide ist frei.

Heute flammen Bewegungen immer wieder auf, etwa als 2014 eine sich als neu verstehende Friedensbewegung aus Sorge vor einem Krieg mit Russland imstande war, fast ein Jahr lang an zunehmend mehr Orten viele

Menschen zu versammeln. Oder Ramstein in Rheinland-Pfalz: Die US-Air-Base, von der aus der Drohnenkrieg gesteuert wird, zieht immer mehr Friedensaktive in das jährlich stattfindende Friedenscamp, zum Lernen in Workshops und bei Veranstaltungen und für große Aktionen. 2016 konnte die Base von mehreren Auftaktkundgebungen aus trotz strömendem Regens von einer Menschenkette fast ganz umzingelt werden. Die traditionellen Ostermärsche mobilisieren manchmal etwas mehr, manchmal weniger Menschen, sie sind aber noch eine bestehende Struktur. Ein wichtiges Rückgrat für die Friedensbewegung sind die bundesweiten Zusammenschlüsse von örtlichen und regionalen Friedensinitiativen wie Bundesausschuss Friedensratschlag, die Friedenskooperative, Pax Christi und die internationalen Organisationen von IALANA (Juristinnen und Juristen gegen Atomwaffen), IPPNW (Internationale Ärzte für die Verhütung des Atomkriegs, Ärzte in sozialer Verantwortung) und das bereits erwähnte Internationale Friedensbüro (IPB). Sie arbeiten kontinuierlich. Doch obwohl sie so bitter nötig wäre: Eine stetige und sich stetig verbreiternde Kraft ist die Friedensbewegung in Deutschland derzeit nicht.

Die Friedensbewegung ist klassen- und schichtenübergreifend, sie entwickelt ihre Forderungen autonom aus sich heraus. Sie klärt auf, verbreitet Hintergrundwissen, mobilisiert. Sie will Regierungen und internationale Organisationen beeinflussen, die herrschende Politik verändern. Insofern ist sie offen und fühlt sich bestärkt, wenn es Überschneidungen mit der Politik der russischen Regierung gibt – in Friedensfragen. Das heißt nicht, dass es einen Gleichklang in anderen Bereichen der Politik gibt. Überschneidungen gibt es zurzeit etwa in der Gegnerschaft zur NATO, der Furcht vor einem neuen Rüstungswettlauf, dem Wunsch nach Impulsen für Abrüstung, Stärkung des internationalen Rechtes. Konflikte sollen im Rahmen der Vereinten Nationen, der OSZE und des Europarats bearbeitet werden, die Schaffung von atomwaffenfreien Zonen und Regionen von Sicherheit. Teile der Friedensbewegung kritisieren russische Regierungspolitik, weil sie unterstellen, dass es in Russland keinen Raum für Politik als partizipatorischen Akt selbstbestimmter Menschen gibt. Weite Teile der Friedensbewegung bestehen darauf, dass sich Politik niemals administrativ und unterdrückend verhalten darf; so aber nehmen sie Russland wahr und mit diesem Bild wollen sie nicht in Verbindung gebracht werden.

In Deutschland und Europa fordern derzeit auch Rechtskräfte wie die AfD, der französische Front National, die Wilders-Partei in den Niederladen, in Österreich die Freiheitlichen und andere ein besseres Verhältnis ihrer Länder und Europas zu Russland. Diese Tatsache wird gern gegen pazifistische und linke Friedensaktive gewendet mit dem Hinweis: Seht ihr, rechts gleich links! Doch pazifistische und linke Russlandpolitik unterscheidet sich grundsätzlich von rechter. Rechte brauchen Feindbilder und bauen sie auf; wenn nicht gerade Russland der Feind ist, so sind es doch andere, derzeit bevorzugt Muslime und Migranten. Sie brauchen Gegner, weil sie ihr Zusammengehörigkeitsgefühl und ihre Identität auf der Feindschaft gegenüber dem und den anderen gründen. Pazifistische und linke Russlandpolitik verwahrt sich gegen Feindbilder und tritt für europäische Entspannung und Abrüstung als Teil von weltumspannendem Frieden und globaler Gerechtigkeit ein.

Im weiten Sinn zur Friedensbewegung gehören Appelle wie der Prominentenaufruf »Wieder Krieg in Europa? Nicht in unserem Namen!«. Zum Jahresende 2016 ist der Aufruf »Neue Entspannungspolitik jetzt – die Spirale der Gewalt beenden« vorgestellt worden; er wird international getragen und ist in der Zusammensetzung der Unterzeichnenden breiter angelegt.[215] Weitere Appelle und Initiativen wenden sich gegen das konfrontative Verhältnis zu Russland und mahnen endlich Abrüstung an. Die diversen Appelle sind unterschiedlich. Innerhalb der Friedensbewegungen gibt es ein beachtliches Meinungsspektrum. Doch fast alle friedenspolitischen Erklärungen und Appelle formulieren Aussagen gegen die NATO-Osterweiterung, zur Zusammenarbeit und Vertrauensbildung statt Konfrontation und für eine Stärkung internationaler Organisationen, von OSZE bis UNO. Diese Erklärungen befördern auch eine neue Debatte über Rüstungskontrolle und Abrüstung. So unterschiedlich friedenspolitische Vorstellungen heute sind: Alle Erklärungen sind von der Überzeugung getragen, dass Differenzen mit Russland ausschließlich friedlich und mit diplomatischen Mitteln bearbeitet werden sollen und dass keines der europäischen Probleme ohne Russland gelöst werden könne. So unterschiedlich im

Einzelnen die Handlungen der russischen oder der deutschen Regierungen beurteilt werden, so ist doch die Übereinstimmung groß, dass ein Ausstieg aus der Spirale von Eskalation und Gewalt gefunden werden muss. Das geht nicht ohne einen Einstieg in die Aufhebung der Sanktionspolitik. Die Politik der Sanktionen ist längst gescheitert.

Die deutsche Außenpolitik bedarf einer grundlegenden Neuausrichtung, das betrifft auch das Verständnis von Außenpolitik. Außenpolitik bezeichnet die Beziehungen von Staaten. Staaten wiederum treten zueinander in Beziehung als Träger von Interessen. »Nur indem sie Interessen haben und diese artikulieren, nehmen sie an den internationalen Beziehungen teil; indem sie an den internationalen Beziehungen, die noch immer zuerst Staatenbeziehungen sind, teilnehmen, artikulieren sie ihre Interessen.«[216] Die deutsche Außenpolitik hingegen versteht sich als Wertepolitik. Deutsche Politikerinnen und Politiker sprechen in diesem Zusammenhang vor allem über europäische, transatlantische Werte, über Demokratie und Menschenrechte, Rechtsstaatlichkeit und territoriale Integrität. Redet ein namhafter Politiker doch einmal aus Versehen über Interessen als handlungsleitendes politisches Motiv, dann sieht es schlecht für ihn aus. So musste seinerzeit Bundespräsident Horst Köhler zurücktreten, weil er geäußert hatte, »dass ein Land unserer Größe mit dieser Außenhandelsorientierung und damit auch Außenhandelsabhängigkeit auch wissen muss, dass im Zweifel, im Notfall auch militärischer Einsatz notwendig ist, um unsere Interessen zu wahren, zum Beispiel freie Handelswege …«[217] Das steht zwar weniger zaghaft in der NATO-Strategie und ist mit der vielbeschworenen gewachsenen deutschen Verantwortung in der Welt gemeint – nur sagen sollte es ein deutscher Politiker besser nicht. Dabei wäre das durchaus hilfreich, es würde die Nebelschwaden der westlichen Wertegemeinschaft lichten und Außenpolitik transparent und berechenbar machen. Vor allem werden so Kompromisse möglich. Zwischen unterschiedlich verstandenen und gelebten Werten kann es schwerlich Kompromisse geben, liegt es doch in der Natur von Werten, dass sie unteilbar sind. Wo unterschiedliche Werte einander unversöhnlich bleiben, kann zwischen unterschiedlichen Interessen ein Ausgleich, ein Kompromiss gefunden werden und zwar friedlich. Ein Beispiel: Die »Annexion der Krim« ist bekanntlich der Anlass für die Russland-Sanktionen des Westens. Erst wenn die Krim wieder ukrainisch würde, könnten sie aufgehoben werden. Dahinter steht eine bestimmte Auffassung von dem Wert der territorialen Integrität beziehungsweise »einer gesinnungsethischen Anwendung des Rechts als Mittel der Politik«.[218] Keiner der Bestrafenden kann ernsthaft annehmen, dass die Krim in einem überschaubaren Zeitraum wieder aus der Russischen Föderation ausscheiden wird. Unterschiedliche Vorschläge für einen interessenbasierten Umgang mit dieser Frage sind in der Diskussion: Wiederholung des Referendums unter internationaler Beobachtung oder Gebietsaustausch nach dem Muster »Land für Frieden«. Für einen weiteren Vorschlag gibt es sogar ein geschichtliches Beispiel, das war die Anerkennung der DDR. Die Politik des Westens war jahrzehntelang darauf ausgerichtet, die Anerkennung zu verhindern, was ihr weitgehend gelungen ist. Das Neue an der Ostpolitik von Brandt und Bahr war dann, dass sie die Entscheidungssituation zwischen, alternativ, Beziehungen zur DDR oder zur Bundesrepublik Deutschland aufhoben, indem bei unterschiedlicher rechtlicher Wertung die Existenz der DDR zur Kenntnis genommen wurde. Für die Krim hieße das, die (westlichen) Staaten müssen nicht anerkennen, dass die Krim ein Teil Russlands ist, sie finden sich aber de facto damit ab und benutzen den Konflikt zum Status der Krim nicht weiter, um Bestrafungen zu begründen. Ein rationaler Interessenausgleich dieser Art könnte mit Geduld und Mühe zur Lösung vieler der eingefrorenen Konflikte in der Welt führen – wobei aktuell ein eingefrorener Konflikt immer noch besser ist als ein heißer Krieg.

Die Interessen des Gegenübers mitzudenken, das war der Kern von Gorbatschows »neuem Denken«. Dazu gehört, dass man die eigenen und die Interessen des anderen kennt und mit ihnen offen umgeht. In einer grundlegenden Umorientierung der deutschen Außenpolitik würden zum Beispiel nicht nur die Sicherheitsinteressen der baltischen Staaten und Polens berücksichtigt, sondern auch die russischen; es würde nicht nur das Interesse an transatlantischen Beziehungen Eingang finden, sondern auch das Interesse an eurasischen Beziehungen. Wer hingegen ein »Entweder-oder« zu seiner Handlungsmaxime macht, operiert auf der

Grundlage von Feinddenken: Wer nicht für mich ist, ist gegen mich. Das verursacht beziehungsweise verschärft Konflikte, wie in der Ukraine-Frage geschehen. Eine grundlegende Neuorientierung der deutschen Außenpolitik berührt zudem alle ihre regionalen Beziehungen, zuvorderst das Verhältnis zu Russland, EU-Europa und den USA. In diesem Dreiecksverhältnis gibt es mannigfache Interessengegensätze, allein schon wirtschaftlicher Art, weitere kommen hinzu, nicht nur zwischen USA und Russland, der EU und Russland, der EU und den USA und so weiter. Doch allein die transatlantischen Beziehungen gelten, weil wertebasiert begründet, als sakrosankt. Es käme einer Befreiung des politischen Denkens gleich, wenn US-amerikanisch-deutsche oder europäisch-US-amerikanische Interessenwidersprüche öffentlich ausgesprochen werden könnten, ohne reflexhaft als antiamerikanisch gegeißelt zu werden. Donald Trump tut das; ob sein Umgang damit dann auch sinnvoll ist, sei dahingestellt. Aber es wäre eine gute Gelegenheit, dass Deutschland und die Europäische Union ihre Beziehungen zu den USA auf einen rationalen Kern zurückführen. Der besteht in Partnerschaft, nicht Unterwerfung. Beide Seiten sollten autonom und selbstbestimmt miteinander verkehren und das Regelwerk des internationalen Rechtes und ihrer zwei- und mehrseitigen Verträge einhalten. Dazu gehört, dass Verträge ordentlich und unaufgeregt gekündigt werden können, wenn sich die Umstände und die Interessenlagen geändert haben. Das könnte etwa das NATO-Truppenstatut und alle weiteren Rechtsgrundlagen für die US-amerikanische Militärpräsenz auf deutschem Boden betreffen, ihre Truppen, Infrastruktur, Ausrüstungen, Waffen und Atomwaffen. Sie alle sind friedenspolitisch bedenklich. Oder was wäre so bedrohlich an unterschiedlichen Interessen im Verhältnis zu Russland? Das Unausgesprochene fördert Ressentiments, das Ausgesprochene kann begutachtet und vernünftig bearbeitet werden.

Im Verhältnis zur Europäischen Union, vorausgesetzt, sie überwindet ihre Krise, bestünde eine grundlegende Neuorientierung der deutschen Außenpolitik im Rückbau von teutonischer Dominanz und neoliberaler Ausrichtung der Union, beides wesentliche Gründe für ihre derzeitige Krise. Neben der NATO ist die Militarisierung der EU eine große Gefahr für Europa. Deshalb muss die EU entmilitarisiert und die NATO-Osterweiterung auf den Stand des Zwei-plus-Vier-Vertrags zurückgeführt werden, in einem ersten Schritt wenigstens auf die Vereinbarungen der NATO-Russland-Akte. Der einseitige Raketenschirm wird abgebrochen. In ihrer Selbstdarstellung versteht sich die EU als Friedensprojekt. Sie kann sich diesem Selbstbild annähern, wenn sie für ihre Mitglieder die Pflicht zur Aufrüstung durch die Pflicht zur Abrüstung ersetzt und großzügig Rüstungskonversion fördert.

Europäische Union und NATO sind geschichtlich und politisch in ihrer Verfasstheit stark vom Blockdenken durchdrungen. Das ist die Organisation für Sicherheit und Zusammenarbeit in Europa (OSZE) nicht. Zu ihr gehören alle europäischen Staaten, einschließlich

Russland, sehr viele eurasische Staaten sowie Kanada und die USA. Trotz gegenläufiger Entwicklungen ist sie immer noch verbunden mit einem gesamteuropäischen Prozess von Dialog und Verständigung. Sie ist der geeignete Ort für vertrauensbildende Maßnahmen und die Wiederaufnahme von Verhandlungen zur Rüstungsbegrenzung.

Im Verhältnis zu Russland wird häufig auf den Vorschlag des früheren russischen Staatspräsidenten Medwedew, ohne ihn namentlich zu nennen, zurückgegriffen – eine Zone gemeinsamer Sicherheit und Wirtschaft vom Atlantik bis zum Ural. Er soll nicht begrenzt sein auf eine Partnerschaft EU-Russland allein oder nur Europäische und Eurasische Union. Es soll kein Raum sein, der sich abschließt und abgrenzt gegen andere, er ist nicht gegen Dritte gerichtet, und er ist offen. Das Beflügelnde dieser Idee ist, dass sie nicht die Auflösung der bestehenden supranationalen und Bündnisstrukturen zur Voraussetzung hat, sondern sie sozusagen überwölbt. Vielleicht bilden sich dabei in einem längeren Prozess neue Strukturen heraus, die den dann entstandenen Verhältnissen entsprechen. Aber das ist Zukunftsmusik.

Eine Idee wird bekanntlich zur materiellen Gewalt, wenn sie die Massen ergreift. Über die Idee eines eurasischen Raumes sollte nachgedacht und gesprochen werden. Dann kann sie konkreter werden und Gestalt annehmen. Dabei sollte möglichst nicht der Fehler wiederholt werden, den die USA und die Europäische Union respektive NATO begangen haben, als sie Russland aus der Gestaltung der Nach-Kalte-Kriegsordnung in Europa ausgeschlossen haben.

Wie jede großartige Idee beginnt deren Verwirklichung mit dem ersten Schritt. In ihm verzichten die Staaten auf gegenseitige Drohungen und Bestrafungen, die Sanktionen gegen Russland werden nicht verlängert beziehungsweise aufgehoben. Erst dann kann wieder von Gleich zu Gleich gesprochen und Vertrauen hergestellt werden. Annäherung wächst durch Dialog und Verbindung durch Zusammenarbeit. Dann kann Russland in, für und mit Europa Mittler sein zu den aufstrebenden asiatischen Staaten, insbesondere China und Indien. Ohne eine solche Öffnung wird Europa in der Tat bald alt aussehen.

Anmerkungen

1 Zitiert nach: »Amerika steht fest zur NATO«. In: *Frankfurter Allgemeine Sonntagszeitung*, 19. Februar 2017.

2 Ebd.

3 Vgl.: *Charta von Paris für ein neues Europa*. Auf: https://www.osce.org/de/mc/39518?download=true. Zugriff am 30. Januar 2017.

4 Vgl.: Wortprotokoll der Rede Wladimir Putins im Deutschen Bundestag am 25. September 2001. Auf: https://www.bundestag.de/parlament/geschichte/gastredner/putin/putin_wort/244966. Zugriff am 30. Januar 2017.

5 Vgl.: Ebd.

6 Vgl.: Michail Logvinov: »Russland ist aus der Kälte zurückgekommen: Medwedews Grundsatzrede in Berlin«. In: *RIA Novosti*, 6. Juni 2008.

7 Wilfried Scharnagl: *Am Abgrund. Streitschrift für einen anderen Umgang mit Russland. Mit einem Vorwort von Michail Gorbatschow*. Keyser Verlag 2015, S. 29.

8 Ebd., S. 40.

9 Ebd., S. 13.

10 Michail Gorbatschow: »Es fällt schwer, nicht schwarz zu sehen«. In: *IPG*, 6. Januar 2015. Auf: http://www.ipg-journal.de/kommentar/artikel/es-faellt-schwer-nicht-schwarz-zu-sehen-731/. Zugriff am 30. Januar 2017.

11 Ebd.

12 Ebd.

13 Protokoll der 205. Sitzung des 17. Deutschen Bundestages am 9. November 2012, S. 25079.

14 Auf: http://www.darmstaedter-signal.de/meldungen/aufruf-neue-entspannungspolitik-jetzt/. Zugriff am 31. Januar 2017.

15 Deutscher Bundestag. Auf: http://dip21.bundestag.de/dip21/btd/17/011/1701159.pdf. Zugriff am 31. Januar 2017.

16 Vgl.: »Bundesregierung will Atomwaffen-Verhandlungen boykottieren«. In: IPPNW-Pressemitteilung vom 17. Februar

2017. Auf: https://www.ippnw.de/atomwaffen/artikel/de/ bundesregierung-will-atomwaffen-verh.html. Zugriff am 19. Februar 2017.

17 Siehe dazu: www.friedenswinter.de. Beitrag vom 03.11.2014: »Aufruf: Friedenswinter 2014/2015. Gemeinsam für den Frieden – Friedenslogik statt Kriegsrhetorik«. Zugriff am 31. Januar 2017.

18 Siehe dazu: www.willy-brandt-kreis.de. Zugriff am 31. Januar 2017.

19 Auf: http://neue-entspannungspolitik.berlin/wp-content/ uploads/2016/11/2016-12-08-de_Aufruf.pdf. Zugriff am 19. Februar 2017.

20 Vgl.: www.zeit.de/politik/2014-12/aufruf-russland-dialog. Zugriff am 31. Januar 2017.

21 Vgl.: Jens Berger: »Das Imperium schlägt zurück – Die Reaktion der ›Qualitätsmedien‹ auf den Aufruf: ›Wieder Krieg in Europa? Nicht in unserem Namen!‹«. In: *NachDenkSeiten*, 9. Dezember 2014. Auf: http://www.nachdenkseiten. de/?p=24215. Zugriff am 31. Januar 2017.

22 Vgl.: »Putin schließt das Fenster zu«. In: *Die Zeit*, 8. Dezember 2014.

23 Vgl.: »Dieser Russland-Aufruf ist ein peinliches Dokument«. In: *Die Welt*, 8. Dezember 2014.

24 Vgl.: »Schröders Gedächtnisschwund«. In: *Frankfurter Allgemeine Zeitung*, 6. Dezember 2014.

25 Vgl.: »Kommentar zum Russland-Aufruf. Der Krieg ist bereis da«. In: *Berliner Zeitung*, 7. Dezember 2014.

26 Vgl.: »Kommentar zum Aufruf für Frieden. Kein Bückling vor Putin!« In: *taz*, 7. Dezember 2014.

27 Vgl.: »Brennende Sorge«. In: *Süddeutsche Zeitung*, 7. Dezember 2014.

28 Vgl.: Talkrunde von Günther Jauch vom 8. Februar 2015.

29 Vgl.: Kai Ehlers: »Anmerkungen zu einem Aufruf für eine ›realitätsgeleitete‹ Russlandpolitik«. In: *NachDenkSeiten*, 12. Dezember 2014. Auf: http://www.nachdenkseiten. de/?p=24261.

30 Vgl.: Tobias Rapp: »Der interessanteste Ort der Welt«. In: *Spiegel Online*, 19. Mai 2014.

31 Vgl.: Hannes Hofbauer: *Feindbild Russland. Geschichte ei-ner Dämonisierung*. Wien 2016.

32 Vgl.: CDU/CSU-Bundestagsfraktion: »Positionspapier Russ-land«. Beschluss vom 29. November 2016. Auf: https://www.cducsu.de/download/file/fid/53870.

33 Vgl.: Plenarprotokoll 18/66. Auf: http://dipbt.bundestag.de/doc/btp/18/18066.pdf, S. 6278.

34 Vgl.: Beschluss der Klausurtagung der SPD für »Eine neue Ost- und Entspannungspolitik« vom 8. Februar 2015. Auf: https://www3.spd.de/presse/Pressemitteilungen/127220/20150208_beschluss_parteivorstand_ostpolitik.html.

35 Ebd.

36 Vgl.: Rede des Außenministers Frank-Walter Steinmeier am Institut für Internationale Beziehungen der Ural-Uni-versität in Jekaterinburg vom 13. Mai 2008. Auf: http://www.auswaertiges-amt.de/DE/Infoservice/Presse/Re-den/2008/080513-BM-Russland.html. Zugriff am 31. Janu-ar 2017.

37 Vgl.: Deutscher Bundestag: »Modernisierungspartnerschaft mit Russland – Gemeinsame Sicherheit in Europa durch stärkere Kooperation und Verflechtung«. Drucksachen-nummer 17/1153. Auf: http://dip21.bundestag.de/dip21/btd/17/011/1701153.pdf. Zugriff am 1. Februar 2017.

38 Debatte zur Aktuellen Stunde zum Thema »Außenpolitische Auswirkungen der US-Truppenverlegungen nach Osteuropa ›Atlantic Resolve‹. 212. Sitzung des 18. Deutschen Bundes-tages am 19. Januar 2017, S. 21240.

39 Debatte zum Antrag »Die NATO durch ein kollektives Sys-tem für Frieden und Sicherheit in Europa unter Einschluss Russlands ersetzen«. 183. Sitzung des 18. Deutschen Bun-destages am 7. Juli 2016, S. 18064.

40 Vertrag über die abschließende Regelung in Bezug auf Deutschland (»Zwei-plus-Vier-Vertrag«) vom 12. September 1990. Auf: www.documentarchiv.de/brd/2p4.html. Zugriff am 19. Februar 2017.

41 Vgl.: Bank of Finland 2011: www.suomenpankki.fi/bofit_en/seuranta/venajatilastot/Pages/default.aspx. Zugriff am 15. Januar 2017.

42 Vgl.: Christian Wipperfürth: *Russlands Außenpolitik*. Wiesbaden 2011, S. 56.

43 Vgl.. »Von Lissabon bis Wladiwostok«. In: *Süddeutsche Zeitung*, 25. November 2010.

44 Interview des TV-Senders Russland 1 mit Valentin Falin am 10. September 2016.

45 Rede von Wladimir Putin auf der Münchner Sicherheitskonferenz am 9. Februar 2007. Auf: www.kremlin.ru.

46 Rede von Manfred Wörner am 17. Mai 1990 vor dem Bremer Tabak-Collegium. Auf: www.nato.int. Zugriff am 5. September 2016.

47 Gabriele Krone-Schmalz: *Russland verstehen. Der Kampf um die Ukraine und die Arroganz des Westens*. München 2015, S.99.

48 Interview von *russland.News* mit Harald Kujat am 5. September 2016.

49 Vgl.: www.bpb.de/russland-und-die-nato-grenzen-der-gemeinsamkeit. Zugriff am 1. April 2009.

50 »Jelzin bleibt bei striktem Nein zur NATO-Erweiterung«. In: Der Tagesspiegel, 22. März 1997.

51 Vgl.: Erich Rathfelder in der *taz* vom 23. März 2009, S. 4.

52 Vgl.: Andreas Zumach in der *taz* vom 24. März 2009, S. 5.

53 Vgl.: www.mopo.de vom 16. Februar 1999.

54 Vgl.: http://bundespraesident.de.

55 Rede von Bundeskanzlerin Merkel zur Verleihung der Ehrendoktorwürde der Universitäten Gent und Löwen am 12. Januar 2017. Vgl.: www.bundeskanzlerin.de.

56 Vgl.: Christian Wipperfürth, a. a. O., S. 65.

57 »Putin, Chirac & Schröder für Stärkung des Völkerrechts«. In: *Spiegel Online*, 12. April 2003. Auf: http://www.spiegel.de/politik/ausland/gipfel-in-st-petersburg-putin-chirac-schroeder-fuer-staerkung-des-voelkerrechts-a-244563.html. Zugriff am 15. Februar 2017.

58 Wortprotokoll der Rede Wladimir Putins im Deutschen Bundestag am 25. September 2001. Auf: https://www.bundestag.de/parlament/geschichte/gastredner/putin/putin_wort/244966. Zugriff am 3. Februar 2017.

59 Vgl.: *Russland.ru* vom 14. Mai 2016.

60 Vgl.: August Pradetto (Hrsg.): *Ostmitteleuropa, Russland und die Osterweiterung der* NATO. *Perzeptionen und Strategien im Spannungsfeld nationaler und europäischer Sicherheit.* Westdeutscher Verlag 2013.

61 J. L. Black: *Vladimir Putin and the New World Order. Looking East, Looking West?* London 2004, S. 168 f., 175. Zitiert nach: Christian Wipperfürth, a .a. O., S. 62.

62 Prof. Dr. Alexej Bogaturow in: *Nesawissimaja Gaseta*, 16. Februar 2009.

63 Herwig Roggemann: *Ukraine-Konflikt und Rußlandpolitik.* Berlin 2015, S. 33.

64 Ebd., S. 32.

65 »Russlands neue Militärdoktrin 2020«. In: *SWP-Aktuell* 2010/A 21, März 2010. Auf: https://www.swp-berlin.org/publikation/russlands-militaerdoktrin-2020/.

66 »Russland und Nato wollen gemeinsame Raketenabwehr«. In: *Zeit Online*, 20. November 2010.

67 Ebd.

68 Ebd.

69 Vgl.: www.kremlin.ru. Zugriff am 20. November 2010.

70 »Russland bereit zu Beteiligung an Raketenabwehr«. In: *Die Welt*, 12. November 2010.

71 Vgl.: *Süddeutsche Zeitung* vom 21. Mai 2012. Auf: http://www.sueddeutsche.de/politik/nato-gipfel-in-chicago-nato-erklaert-raketenabwehr-fuer-einsatzbereit-1.1362118. Zugriff am 3. Februar 2017.

72 »Russland schafft neue Atomraketen an«. In: *n-tv*, 16. Juni 2015.

73 Vgl.: »Obama rechnet mit Putin ab«. In: *Die Welt*, 16. Dezember 2016.

74 Vgl.: »Im Feuerschein der Krise«. In: *Politik-Forum* 20/2014, 24. Oktober 2014.

75 Zitate aus: »NATO und Russland«. In: *Spiegel Online*, 20. Juni 2016.

76 »Fast zwei Drittel gegen ›Säbelrasseln‹ der NATO«. In: *Frankfurter Allgemeine Zeitung*, 30. Juni 2016.

77 Deutscher Bundestag: 18. Wahlperiode. Drucksache 18/8656 vom 2. Juni 2016.

78 Deutscher Bundestag: Plenarprotokoll vom 7. Juli 2016, S. 18063.

79 Ebd.

80 Vgl.: *Fischer Weltalmanach 2016*, Frankfurt am Main 2015.

81 Vgl.: *SIPRI Yearbook 2016*.

82 Fred Schmidt: »Deutschland heizt das Wettrüsten in Europa an«. In: *ISW*, 6. Dezember 2016.

83 Christian Wipperfürth: »›Entspannungspolitik JETZT! – Ansatz und Fortschritte!‹ Warum sollte ausgerechnet Entspannungspolitik JETZT Erfolg haben?« Auf: http://www.cwipperfuerth.de /2017/01/11/ entspannungspolitik-jetzt-ansatz-und-fortschritte/.

84 Knut Mellenthin: »Angriffsbasen weltweit. Immer kriegsorientierter: Die USA weiten ihr Stützpunktnetz aus«. Auf: http://www.ag-friedensforschung.de/themen/Standorte/ stuetzpunkte.html. Zugriff am 20. Februar 2017. Und: Wikipedia-Artikel »Liste von Militärbasen der Vereinigten Staaten im Ausland«. Auf: https://de.wikipedia.org/wiki/ Liste_von_Milit%C3%A4rbasen_der_Vereinigten_Staaten_im_Ausland.

85 Ralf Rudolph/Uwe Markus: *Renaissance einer Weltmacht. Russlands Militärreform und exterritoriale Militärstützpunkte*. Berlin 2013, S. 150.

86 Doug Bandow: »Why on Earth Would Russia Attack the Baltics?« In: *The National Interest* (Online). Auf: https://www. cato.org/publications/commentary/why-earth-would-russia-attack-baltics. Zugriff am 20. Februar 2017.

87 Vgl. auf: http://www.nato.int/cps/en/natohq/official_ texts_25468.htm?selectedLocale=de.

88 Zbigniew Brzezinski: *Die einzige Weltmacht: Amerikas Strategie der Vorherrschaft*. Frankfurt am Main 1997, S. 181 f.

89 Ebd., S. 74.

90 Ebd., S. 216.

91 »Moldau will Annäherung zur EU rückgängig machen«. In: *Zeit Online*, 17. Januar 2017.

92 Schlussfolgerungen des Rates zur Umsetzung der Gemeinsamen Erklärung des Präsidenten des Europäischen Rates, des Präsidenten der Europäischen Kommission und des Gene-

ralsekretärs der Nordatlantikvertrag-Organisation (NATO). Auf: http://data.consilium.europa.eu/doc/document/ ST-15283-2016-INIT/de/pdf – ab S. 5, »Anhang zum Anhang«. Zugriff am 22. Januar 2017.

93 »About Strategic Communications«. Auf: http://stratcom-coe.org/about-strategic-communications. Zugriff am 22. Januar 2017.

94 Vgl. auf: http://eeas.europa.eu/top_stories/pdf/eugs_de_.pdf.

95 Charta der Vereinten Nationen. Kapitel VII, Artikel 41. Auf: https://www.unric.org/html/german/pdf/charta.pdf, S. 9.

96 Ebd. Kapitel VII, Artikel 42.

97 Steffen Dobbert: »Sanktionen gegen Russland, jetzt!« In: *Zeit Online*, 14. Dezember 2016.

98 Prof. Dr. Andreas Steininger: »Handelspartner Russland. Sanktionen, Gegensanktionen und Putins Wirtschaftspolitik«. In: *Unternehmermagazin* 1-2-2016, S. 26 f.

99 Jutta Günther, Maria Kristalova, Udo Ludwig: »Folgen der Sanktionen zwischen der EU und Russland für die deutsche Wirtschaft«. In: *Wirtschaftsdienst. Zeitschrift für Wirtschaftspolitik*, 96. Jahrgang, 2016, Heft 7, S. 524–526, hier S. 524.

100 Vgl.: »Sanktionen gegen Russland. Deutsch-russische Exporte seit 2012 halbiert«. In: *Spiegel Online*, 19. Februar 2016. Auf: http://www.spiegel.de/wirtschaft/unternehmen/ sanktionen-deutsch-russische-exporte-brechen-2015-deutlich-ein-a-1078280.html.

101 Jutta Günther, Maria Kristalova, Udo Ludwig, a. a. O., S. 526.

102 Ebd., S. 525.

103 Ebd., S. 526.

104 Wolfgang Büchele: »Zeit für Alternativen«. In: *Handelsblatt*, 21. November 2016.

105 Andreas Steininger, a. a. O., S. 26 f.

106 »Einstieg in den Ausstieg – Sanktionen gegen Russland aufheben«. Antrag der Fraktion DIE LINKE im Bundestag vom 12. November 2014, Drucksache 18/3147.

107 Deutscher Bundestag. Stenografischer Bericht. 66. Sitzung,

Berlin, Donnerstag, den 13. November 2014, S. 6273 f. Auf: http://dipbt.bundestag.de/doc/btp/18/18066.pdf.

108 Ebd., S. 6276 f.

109 Ebd., S. 6278.

110 »Ökonomen: Harte Sanktionen gegen Russland schaden deutscher Wirtschaft«. In: *Deutsche MittelstandsNachrichten*, 10. Mai 2014.

111 »Furcht vor dem Wirtschaftskrieg«. In: *Süddeutsche Zeitung*, 22. Juli 2014.

112 »Ost-Ausschuss fordert Abbau von Sanktionen«. Auf: http://www.ost-ausschuss.de/node/915.

113 Stefan Scholl: »Abkommen von Minsk: Friedensprozess in der Ukraine«. In. *Frankfurter Rundschau*, 19. März 2015. Auf: http://www.fr.de/politik/spezials/Ukraine/abkommen-von-minsk-friedensprozess-in-der-Ukraine-gefaehrdet-a-489470.

114 »Slowakischer Regierungschef fordert Ende der Sanktionen«. In: *Spiegel Online*, 15. Dezember 2016.

115 Antwort auf die Kleine Anfrage der Abgeordneten Katrin Kunert, Wolfgang Gehrcke, Jan van Aken, weiterer Abgeordneter und der Fraktion DIE LINKE. Zu: Bilanz der Speziellen Beobachtermission der OSZE in der Ukraine und Umsetzung der Minsker Vereinbarungen. Drucksache 18/6543, 30. Oktober 2015, S. 23.

116 Joe Biden am 3. Oktober 2014 an der Kennedy School of Government an der Universität Harvard: Remarks by the Vice President at the John F. Kenndy Forum. Auf: www.whitehouse.gov.

117 Herwig Roggemann, a .a .O., S. 57 f.

118 Ebd., S. 9.

119 Eric Frey: »Der Westen muss Putin stoppen«. In: *Der Standard*, 28. August 2014.

120 Ders.: »Warum die Russland-Sanktionen Europa schaden«. In: *derStandard.at*, 21. Dezember 2016. Auf: http://derstandard.at/2000049585802/Warum-die-Russland-Sanktionen-Europa-schaden.

121 Volker Bräutigam, Friedhelm Klinkhammer: »Programmbeschwerde: Neue Beispiele für Manipulation«. In: Ständige

Publikumskonferenz der öff.-rechtl. Medien, 29. Dezember 2016. Auf: https://publikumskonferenz.de/forum/viewtopic.php?t=1695&p=6058.

122 Alina Polyakova; Marlene Laruelle; Stefan Meister; Neil Barnett: *The Kremlin's Trojan Horses. Russian Influence in France, Germany, and the United Kingdom*. 2. Edition vom November 2016, S. 1. Auf: http://www.atlanticcouncil.org/images/publications/The_Kremlins_Trojan_Horses_web_1213_second_edition.pdf. Zugriff am 8. Februar 2017.

123 Antwort der Bundesregierung auf die Kleine Anfrage des Abgeordneten Andrej Hunko u.a. und der Fraktion DIE LINKE zu angeblich geplanten Cyberangriffen der russischen Regierung auf die Bundestagswahl. BT-Drucksache 18/10467, S. 9.

124 Alina Polyakova; Marlene Laruelle; Stefan Meister; Neil Barnett, a. a. O., S. 19.

125 Ebd., S. 1; 27.

126 Richard Herzinger: »Putins Griff nach Europa«. In: *WeltN24*, 2. Januar 2017. Auf: https://www.welt.de/print/welt_kompakt/debatte/article160768793/Putins-Griff-nach-Europa.html. Zugriff am 19. Februar 2017.

127 BT-Drucksache 18/10467 vom 21. Dezember 2016.

128 »Propaganda-Feldzug sogar mit Sexmobs«. In: BILD, 9. Dezember 2016.

129 Ebd.

130 Jens Berger: »Putin zieht mit Sexmobs in den hybriden Krieg gegen Deutschland? Nun dreht die BILD-Zeitung endgültig durch«. In: *NachDenkSeiten*, 13. Dezember 2016. Auf: http://www.nachdenkseiten.de/?p=36242. Zugriff am 14. Februar 2017.

131 Ebd.

132 Ken Silverstein, Brooke Williams: »Chuck Hagel's Think Tank, its donors, and intellectual Independence«. In: *New Republic*, 12. Februar 2013.

133 Vgl.: www.levada.ru vom 20. Januar 2017.

134 Die Programmbeschwerden sind nachzulesen auf der Website der Ständigen Publikumskonferenz der öffentlich-rechtlichen Medien (www.publikumskonferenz.de) – unter dem

Link »Externe Beschwerden« oder in der Rationalgalerie (www.rationalgalerie.de). Sie spielen eine Rolle in Uli Gellermann/Friedhelm Klinkhammer/Volker Bräutigam: *Die Macht um acht. 15 Minuten Tagesschau*. Köln 2017.

135 Ebd.

136 »US-Nachrichtendienstveteranen bestreiten Behauptungen über Hackerangriffe aus Russland«. In: *NachDenkSeiten*, 22. Dezember 2016. Auf: http://www.nachdenkseiten. de/?p=36395. Zugriff am 14. Februar 2017.

137 Vgl.: Peter Welchering: »Computer und Kommunikation«. In: *Deutschlandfunk*, 7. Januar 2017.

138 Simon Vaut, Jörg Forbrig: »Wie wir die Wahl vor russischem Einfluss schützen können«. In: *Zeit Online*, 14. Februar 2017. Auf: http://www.zeit.de/politik/deutschland/2017-02/bundestagswahl-russland-beeinflussung-demokratie-parteien. Zugriff am 19. Februar 2017.

139 Volker Bräutigam, Friedhelm Klinkhammer: Programmbeschwerde: »Keine ›Smoking Gun‹ aus Russland«. In: Ständige Publikumskonferenz der öff.-rechtl. Medien, 6. Februar 2017. Auf: https://www.0815-info.com/News-Programmbeschwerde-Keine-Smoking-Gun-aus-Russland-item-11904.html.

140 »EU rechnet mit russischem Propagandafeldzug gegen Merkel«. In: *EurActiv.de*, 24. Januar 2017. Auf: http://www.euractiv.de/section/eu-innenpolitik/news/eu-rechnet-mit-verstaerkter-russischer-desinformationskampagne-gegen-merkel/.

141 »BND: Keine Beweise für Desinformations-Kampagne Putins«. In: *Süddeutsche Zeitung*, 6. Februar 2017.

142 Valentin Fjodorow: »Aktuelle Lehren: keinerlei einseitige Zugeständnisse«. In: *Zeitschrift des Europa-Instituts der Russischen Akademie der Wissenschaften*, 11. Juli 2016.

143 Alexander Rahr: *Der kalte Freund. Warum wir Russland brauchen: Die Insider-Analyse*. München 2011, S. 31 f.

144 Ders.: *Russland gibt Gas. Die Rückkehr einer Weltmacht*. München 2008, S. 6.

145 Roland Etzel: »Moskauer Sisyphos«. In: *Neues Deutschland*, 6. März 2012.

146 Alexander Rahr, 2008, a. a. O.

147 Vortrag in der Akademie der Wissenschaften. Abgedruckt in der Zeitschrift: *Militärisch-industrieller Kurier*, 22.Januar 2013.

148 Vgl.: *Russland-Analysen* Nr.327, 16. Dezember 2016.

149 Vgl. auf: http://www.n-tv.de/politik/Trump-preist-Putins-als-sehr-klug-article19441926.html. Zugriff am 19. Februar 2017.

150 Hierzu: Wolfgang Gehrcke, Christiane Reymann: »Nach den Duma-Wahlen. Die Russen machen alles falsch«. In: *ca ira*, Infobrief von Wolfgang Gehrcke, Nr. 192, 23. September 2016. Auf: http://www.wolfgang-gehrcke.de/kontext/controllers/newsletter.php?id=146. Zugriff am 9. Februar 2017.

151 »Die Dumawahlen in Russland«. In: *Russland-Analysen* Nr.321, 23. September 2016.

152 »Duma-Wahl in Russland: Putins Test«. In: *Zeit Online*, 19. September 2016.

153 Vgl.: *Spiegel Online*, 19. September 2016.

154 Vgl.: *Süddeutsche Zeitung*, 15. September 2016.

155 Marieluise Beck: »Warum sich eine grüne Bundestagsabgeordnete für Michail Chodorkowski einsetzt«. Vom: 21. Januar 2014. Auf: http://marieluisebeck.de/artikel/21-01-2014/warum -sich-eine-gr-ne-abgeordnete-f-r-michail-chodorkowski-einsetzt.

156 »Europäischer Gerichtshof für Menschenrechte: Michail Chodorkowski ist Niederlagen gewöhnt«. In: *RP Online*, 31. Mai 2011. Auf: http://www.rp-online.de/panorama/ausland/michail-chodorkowski-ist-niederlagen-gewoehnt-aid-1.1288262. Zugriff am 9. Februar 2017.

157 »Begründung zur Nominierung von Michael Chodorkovsky für den Sacharov-Preis 2013 des Europaparlaments«. Vom: 13. September 2013. Auf: http://www.werner-schulz-europa.eu/russland/1741-begruendung-der-nominierung-von-michael-chodorkovsky-fuer-den-sacharov-preis-2013-des-europaparlaments.html. Zugriff am 9. Februar 2017.

158 »Putin hat sich selber in die Sackgasse gebracht«. In: *Neue Züricher Zeitung*, 5. Dezember 2014. Auf: https://www.nzz.

ch/international/putin-hat-sich-selber-in-eine-sackgasse-gebracht-1.18438893. Zugriff am 9. Februar 2017.

159 Jens Berger: »Chodorkowski ruft zur Revolution auf«. In: *NachDenkSeiten*, 20. Dezember 2014. Auf: http://www.nachdenkseiten.de/?p=24220. Zugriff am 9. Februar 2017

160 Ebd.

161 Wladimir Putin beim Waldai-Klub-Forum 2014. Auf: http://www.kritisches-netzwerk.de/forum/wladimir-putin-beim-waldai-klub-forum-2014-die-komplette-rede-im-wortlaut. Zugriff am 9. Februar 2017.

162 Vgl.: Website der SOZ. Auf: http://eng.sectsco.org/about_sco/. Zugriff am 9. Februar 2017.

163 Jörg Goldberg: *Die Emanzipation des Südens. Die Neuerfindung des Kapitalismus aus Tradition und Weltmarkt.* Köln 2015, S. 130.

164 »Putin sieht Russland mit neuer Stärke«. In: *Neues Deutschland*, 13. Dezember 2012.

165 Erhard Crome: »Der Doppelgipfel«. In: *Das Blättchen*, 18. Jahrgang, Nummer 16, 3. August 2015.

166 Ders.: »Deutschland und die USA: Eine geopolitische Perspektive«. In: *WeltTrends* Nr. 95, März/April 2014, S. 30.

167 Vgl.: Stefan Braun: »Kiews Kalkül«. In: *Süddeutsche Zeitung*, 30. Januar 2017.

168 »Es fehlt am Willen zur Umsetzung des Friedensvertrags«. Interview im Deutschlandfunk. In: *Politik am Morgen*, 8. Februar 2017.

169 »USA wollen Sanktionen gegen Russland aufrechterhalten«. In: *Süddeutsche Zeitung*, 2. Februar 2017.

170 Außenminister Steinmeier im Interview: »Streiten ohne das Gift der Lüge«. In: *Süddeutsche Zeitung,* 26. Januar 2017.

171 John J. Mearsheimer: »Putin reagiert. Warum der Westen an der Ukraine-Krise schuld ist«. In: *Internationale Politik und Gesellschaft*, 1. September 2014.

172 Regierungserklärung von Bundeskanzlerin Merkel am 18. Dezember 2013 zur anstehenden Sitzung des Europäischen Rates am 19./20. Dezember.

173 In: *Der Spiegel*, Nr. 50/2013, S. 22–24.

174 Christian Wipperfürth: *Die Ukraine im westlich-russischen*

Spannungsfeld. Die Krise, der Krieg und die Aussichten. Opladen, Berlin, Toronto 2015, S. 59.

175 Christian Wipperfürth, 2011, a. a. O. S. 17, 22.

176 Reinhard Lauterbach: »Die Ukraine und Russland«. In: Peter Strutynski (Hrsg.): *Ein Spiel mit dem Feuer. Die Ukraine, Russland und der Westen.* Köln 2014, S. 19–32, hier S. 25.

177 Silvia Stöber: »Klitschkos internationale Verbindungen«. In: *Tagesschau.de*, 20. Dezember 2013. Auf: https://www.tagesschau.de/ausland/klitschko216.html. Zugriff am 16. Februar 2017.

178 »Gefahr einer Spirale nach unten«. In: *Deutschlandfunk*, 18. März 2014.

179 Christiane Reymann: »Die Waffen ruhen nich«t. In: *junge Welt*, 18. Dezember 2015.

180 Andreas Umland in: *Focus*, 6. Februar 2017.

181 Reinhard Merkel: »Die Krim und das Völkerrecht: Kühle Ironie der Geschichte«. In: *Frankfurter Allgemeine Zeitung*, 7. April 2014.

182 »Ukraine drops Nato membership bid«. EUoberserver, 4. Juni 2010. Zitiert nach: Jürgen Wagner: »Expansion – Assoziation – Konfrontation: EUropas Nachbarschaftspolitik, die Ukraine und der Neue Kalte Krieg gegen Russland«. IMI-Studie 2015/06, Informationen zu Politik und Gesellschaft, Nr. 10, Juli 2015 von Sabine Lösing und GUE/NGL.

183 Anne Peters: »Verletzt der Anschluss der Krim an Russland das Völkerrecht?« In: *plädoyer* 3/14, S. 19.

184 Claus Kress: »Akt der Aggression«. In: *Spiegel Online*, 31. März 2014.

185 Benedikt Behlert: »Die Unabhängigkeit der Krim. Annexion oder Sezession?« Ruhr Universität Bochum IFH Working Paper Vol. 5 Nr. 2 vom September 2015 (2015).

186 »Egon Bahr plädiert für Respektierung der Krim-Annexion«. In: *Zeit Online*, 26. November 2014.

187 »Ex-SPD-Chef Platzeck will die Annexion der Krim anerkennen«. In: *Spiegel Online*, 18. November 2014.

188 Christian Wipperfürth, 2015, a. a. O., S. 56.

189 Antrag der Bundesregierung »Deutsche Beteiligung an den von der NATO geplanten begrenzten und in Phasen durch-

zuführenden Luftoperationen zur Abwendung einer humanitären Katastrophe im Kosovo-Konflikt« vom 12. Oktober 1998. Drucksachennummer: 13/11469.

190 Deutscher Bundestag. Plenarprotokoll der 248. Sitzung des Deutschen Bundestages vom 16. Oktober 1998. Drucksachennummer: Protokoll 13/248, S. 23145.

191 Edgar Wolfrum: *Rot-Grün an der Macht. Deutschland 1998–2005.* München 2013.

192 Rede der Bundeskanzlerin Angela Merkel anlässlich der 51. Münchner Sicherheitskonferenz am 7. Februar 2015. Auf: https://www.bundesregierung.de/Content/DE/Rede/2015/02/2015-02-07-merkel-sicherheitskonferenz.html. Zugriff am 13. Februar 2017.

193 Vgl.: *Euromaidan Press*, 12. März 2015.

194 Wolfgang Gehrcke, Christiane Reymann: *Syrien. Wie man einen säkularen Staat zerstört und eine Gesellschaft islamisiert.* Köln 2014, S. 98.

195 Einen Eindruck von der Fülle dieser oft konkurrierenden Söldnertruppen und ihrer Finanziers vermitteln die *Deutschen Wirtschaftsnachrichten*: »Wer in Syrien wirklich kämpft: Die schwarze Liste der Schande des Westens« vom 16. Dezember 2016. Auf: http://deutsche-wirtschafts-nachrichten.de/2016/12/18/wer-in-syrien-wirklich-kaempft-die-schwarze-liste-der-schande-des-westens/. Zugriff am 8. Februar 2017.

196 Vgl.: https://www.swp-berlin.org/en/publication/the-day-after-democratic-transition-in-syria/. Zugriff am 13. Februar 2017.

197 Vgl.: https://www.dfg-vk-bonn-rhein-sieg.de/index.php/aktuelles-und-meinungen/meinungen/3216-appell-kirchlicher-wuerdentraeger-aus-syrien. Zugriff am 19. Februar 2017.

198 Antwort der Bundesregierung auf die Kleine Anfrage der Abgeordneten Heike Hänsel, Wolfgang Gehrcke, Sevim Dağdelen, weiterer Abgeordneter und der Fraktion DIE LINKE: Deutsches Engagement beim Syria Recovery Trust Fund vom 17. Oktober 2016. Drucksache 18/9714. Auf: http://dip21.bundestag.de/dip21/btd/18/100/1810024.pdf. Zugriff am 13. Februar 2017.

199 »Im rechtsfreien Raum«. In: Frankfurter Allgemeine Zeitung, 5. Mai 2013.

200 Vgl.: Norman Paech in: Gehrcke/Reymann, 2014, a. a. O.

201 Antrag der Bundesregierung: Einsatz bewaffneter deutscher Streitkräfte zur Verhütung und Unterbindung terroristischer Handlungen durch die Terrororganisation IS auf Grundlage von Artikel 51 der Satzung der Vereinten Nationen in Verbindung mit Artikel 42 Absatz 7 des Vertrages über die Europäische Union sowie den Resolutionen 2170 (2014), 2199 (2015), 2249 (2015) des Sicherheitsrates der Vereinten Nationen. Drucksache 18/6866, 1. Dezember 2015.

202 Daniel-Erasmus Khan: »Syrien-Einsatz der Bundeswehr«. In: *Spiegel Online*, 3. Dezember 2015.

203 Außenminister Steinmeier im Interview: »Streiten ohne das Gift der Lüge«. In: *Süddeutsche Zeitung,* 26. Januar 2017.

204 Forsa-Umfrage im Auftrag des *Stern*. T-Online, 27. Oktober 2017.

205 Sebastian Haffner: *Die sieben Todsünden des Deutschen Reiches im Ersten Weltkrieg*. Köln 2014, S. 122.

206 Christian Wipperfürth, 2015, a. a. O., S. 54.

207 Erhard Crome: »Imperialismus heute. Kann man Kriege verhindern?« In: *Rote Blätter* Nr. 1, Januar 2016, S. 32/33.

208 Ebd.

209 Vgl.: https://de.statista.com/statistik/daten/studie/573032/umfrage/zustimmung-zu-aussagen-zum-verhaeltnis-zu-russland/. Zugriff am 15. Februar 2017.

210 Außenminister Steinmeier im Interview: »Streiten ohne das Gift der Lüge«. In: *Süddeutsche Zeitung*, 26. Januar 2017.

211 Vgl.: http://www.bundespraesident.de/SharedDocs/Reden/DE/Richard-von-Weizsaecker/Reden/1985/05/19850508_Rede.html. Zugriff am 15. Februar 2017.

212 Sebastian Haffner, a. a. O., S. 155.

213 Dieter Schröder: *Die Volksdiplomatie*. Studien zur Regierungslehre und Internationalen Politik, Bd. IV. Den Haag 1972.

214 »Ronald Pofallas Blick auf das Kanzleramt«. In: *Frankfurter Allgemeine Zeitung*, 18. Mai 2016.

215 Vgl.: www.neue-entspannungspolitik.berlin.

216 Erhard Crome, 2016, a. a. O., S. 27.

217 »Afghanistan-Affäre: Bundespräsident Horst Köhler tritt zurück«. Zitiert nach: *N24*, 31. Mai 2010.

218 Vgl.: Frank Elbe: »Realismus statt Sanktionen«. In: *WeltTrends*
Nr. 99, November/Dezember 2014, S. 142 f.

Chronologie von Verträgen zur Rüstungsbegrenzung und Abrüstung

Atomteststopp-Abkommen, 1963
Versuche mit Kernwaffen unter Wasser, in der Atmosphäre oder im Weltraum werden verboten.

Atomwaffen-Sperrvertrag, 1968
Die offiziellen Atommächte verpflichten sich, die Technologie nicht an Drittstaaten weiterzugeben. Nicht-Nuklearmächte erklären den Verzicht auf Atomwaffen.

SALT-I, 1972 – auf 5 Jahre befristeter Interimsvertrag
Vertrag auf Grundlage der »Strategic Arms Limitation Talks«. Begrenzung der Zahl U-Boot-basierter Raketen und landgestützter Interkontinentalraketen.

ABM-Vertrag, 1972 – 2002 einseitig von den USA gekündigt
Die USA und die Sowjetunion erklären sich bereit, ihre Raketenabwehrsysteme zu begrenzen.

SALT-II, 1979 – von den USA nicht ratifiziert; wird durch START-1 überholt
Weitere Begrenzung für Trägersysteme für strategische Nuklearwaffen. Bewaffnung von Langstreckenbombern mit Nuklearwaffen wird eingeschränkt.

INF-Vertrag, 1987

Der »Washingtoner Vertrag über nukleare Mittelstreckensysteme« zwischen den USA und der Sowjetunion sieht die Vernichtung von Raketen mit Reichweiten zwischen 500 und 5.500 Kilometern vor.

START-1, 1991 – Ende Dezember 2009 ausgelaufen

Sowjetunion und die USA einigen sich auf eine deutliche Reduktion von Interkontinentalraketen-Sprengköpfen.

START-2, 1993 – Russland tritt am 14. April 2002 von dem Vertrag zurück als Antwort auf den Rückzug der USA vom ABM-Vertrag

Auf Interkontinentalraketen mit Mehrfachsprengköpfen soll gänzlich verzichtet werden. Zudem sollen die Bestände an landgestützten Interkontinentalraketen weiter verringert werden.

Kernwaffenteststopp-Vertrag, 1996 – nicht ratifiziert

Kompletter Verzicht auf Kernwaffentests. Von 183 Staaten unterschrieben, 164 haben ratifiziert. Zum Inkrafttreten fehlt aber noch die Ratifikation unter anderem durch die USA, China und Nordkorea. Die Verhandlungsparteien wollten sicherstellen, dass die Unterzeichner des Vertrages erst dann bindende Verpflichtungen eingehen, wenn alle Staaten mit nukleartechnischen Einrichtungen – und damit der theoretischen Fähigkeit zum Kernwaffenbau – beigetreten sind. Daher enthält das Dokument eine Liste mit Staaten (sog. Annex 2-Staaten), die den Vertrag ratifizieren müssen, bevor er in Kraft tritt.

SORT, 2002 – Vertragsende 31.12.2012
Russland und die USA einigen sich auf eine weitere Reduktion der operativ verfügbaren Sprengköpfe.

New START, 2010 – ersetzte den SORT Vertrag
Weitere Reduktion von Sprengköpfen (maximal 1.550) und Trägersystemen (maximal 800). Läuft bis 2020.

Ostpolitik in der Ära von Willy Brandt

Die Brandt'sche Ostpolitik als Entspannungs- und Friedenspolitik in Zeiten der Blockkonfrontation
Schon bald nach der Niederwerfung des Faschismus ergab sich eine neue militärische Blockbildung entsprechend der verschiedenen Gesellschaftssysteme (Kapitalismus / Sozialismus), die sich in den Militärbündnissen NATO und Warschauer Pakt manifestierte. Sie enthielt die Gefahr von kriegerischen Auseinandersetzungen. Dieser Gefahr versuchten der damalige Bundeskanzler Willy Brandt und sein Berater Egon Bahr durch eine Politik des »Wandels durch Annäherung« zu begegnen, die sie auf einer Tagung der Evangelischen Akademie in Tutzing im Juli 1963 vorstellten.

Verträge der vier Mächte sowie der deutschen Staaten oder mit anderen Ländern bzw. Regierungen
Dieser Gefahr wurde durch eine Anzahl von Verträgen zwischen verschiedenen Staaten entgegengetreten, wobei deren völkerrechtlicher Charakter teilweise um-

stritten blieb. Zunächst ist hier – weit im Vorfeld der späteren Vertragspolitik – das Passierscheinabkommen vom 17. Dezember 1963 zwischen dem Senat von Berlin (West) und der Regierung der DDR zu nennen, durch das die Folgen der innerstädtischen Teilung durch den Mauerbau am 13. August 1961 gemildert wurde.

a. Im Moskauer Vertrag vom 12. August 1970 verpflichteten sich die Sowjetunion und die Bundesrepublik Deutschland, den internationalen Frieden aufrechtzuerhalten und den Entspannungsprozess zu fördern.

b. Mit dem Warschauer Vertrag vom 7. Dezember 1970 zwischen der Volksrepublik Polen und der Bundesrepublik Deutschland wurden die Oder-Neiße-Linie als Westgrenze Polens faktisch anerkannt und Grundlagen für eine Entspannungspolitik festgelegt.

c. Das Viermächteabkommen vom 3. September 1971 wurde zwischen den vier Besatzungsmächten abgeschlossen und Regelungen zum Viermächte-Status der Stadt und der Sicherung von Berlin (West) und den Zufahrtswegen getroffen.

d. Das Transitabkommen vom 17. Dezember 1971 zwischen der Bundesregierung und der Regierung der DDR diente der Regelung des Schifffahrts-, Bahn- und Straßenverkehrs.

e. Der Vertrag über den Reise- und Besucherverkehr vom 20. Dezember 1971 der Regierung der DDR und dem Senat von Berlin in Übereinstimmung mit den vier Besatzungsmächten.

f. Der Verkehrsvertrag vom 26. Mai 1972, abgeschlossen zwischen der Deutschen Demokratischen Republik und der Bundesrepublik Deutschland, regelt den gegenseitigen Wechsel- und Transitverkehr auf Straßen, Schienen und Wasserwegen.

g. Der Grundlagenvertrag vom 21. Dezember 1972 zwischen der Bundesrepublik Deutschland und der Deutschen Demokratischen Republik regelt in zehn Artikeln Grundlagen der Beziehungen zwischen den Vertragsparteien.

h. Mit dem Prager Vertrag vom 11. Dezember 1973 wurde das Münchner Abkommen über die Abtretung des Sudetengebiets aufgehoben.

Staatenkonflikte und Völkerrecht

Die Konflikte zwischen souveränen Staaten und ihre Beurteilung nach den Regeln des allgemein anerkannten Völkerrechts unterscheiden sich insofern von anderen rechtlichen Bereichen dadurch, dass es bei innerstaatlichem Recht nicht nur zur Entscheidung berufene Gerichte der Staaten oder Staatenverbünde gibt, sondern auch Sanktionsmöglichkeiten zur Durchsetzung des für Recht Erkannten.

Der besondere Charakter völkerrechtlicher Auseinandersetzungen

Das ist bei völkerrechtlichen Streitigkeiten anders: Da setzt sich entweder derjenige durch, der politisch, ökonomisch und militärisch der Stärkere ist. Oder es kann das durchgesetzt werden, worüber allgemeiner Konsens in der Staatengemeinschaft besteht oder hergestellt werden kann. Insofern bleibt es ein Ziel der rechtlich geregelten Beziehungen zwischen Staaten, dass ein möglichst umfassendes Maß an Übereinstimmung hergestellt wird. Daher spielen die wissenschaftliche und praktische Entwicklung des Völkerrechts und seine politische Akzeptanz eine wesentliche Rolle.

Annexion
Während bis zum Ende des 19. Jahrhunderts die erzwungene, auch einseitige, Eingliederung eines Gebiets in eine andere staatliche Einheit als Annexion wirksam sein konnte, gilt das spätestens seit 1945 nicht mehr.

Veränderungen im Völkerrecht
Staaten sind bis heute zwar nicht die einzigen, aber die Hauptakteure im völkerrechtlich regulierten internationalen System. Während lange Zeit souveräne, auch auf Gewalt gegen andere beruhende Staatlichkeit dominierend war, erhielt schon seit der Französischen Revolution und der US-amerikanischen Unabhängigkeitsbewegung das Selbstbestimmungsrecht der Völker eine zunehmende Bedeutung, ohne dass aus ihm, so die Völkerrechtler Peach und Stuby, von vornherein ein »Anspruch auf Sezession und Eigenstaatlichkeit abgeleitet werden könnte«. Maßgeblich ist ihnen zufolge neben demokratischer Legitimation, die auf dem Selbstbestimmungsrecht der Völker beruht, »die faktische Durchsetzung der Staatsgewalt in einem definierten Staatsgebiet«.

Danke

Verständnisvolle Zuwendung zu Russland und die Hoffnung auf Tauwetter in den deutsch-russischen Beziehungen waren der Antrieb, dieses Buch zu schreiben. Wir lehnen es ab, uns ständig und andauernd zuerst von Russland und/oder seinem Staatspräsidenten Putin zu distanzieren, bevor wir Kritik an der Politik des Westens üben (dürfen). Wir sind so frei, dieses medial und politisch geforderte Ritual nicht mitzumachen. Diese Haltung teilen alle, die an der Veröffentlichung mitgearbeitet, mitgestritten, Argumente gewogen, Dokumente geprüft, ihr Wissen und ihre Erfahrung zur Verfügung gestellt haben. Für diese produktive Zusammenarbeit bedanken wir uns insbesondere bei Friederike Benda, Wiebke Diehl, Ramona Dittrich, Wolfgang Grabowski, Hartmut Hübner, Thomas Kachel, Kurt Neumann, Steffen Niese, Achim Wahl, Julius Zukowski-Krebs.